WIE SCHÜTZE ICH MEIN KIND VOR GEWALT IN DER SCHULE?

PETER STRUCK

# WIE SCHÜTZE ICH MEIN KIND VOR GEWALT IN DER SCHULE?

## ERFOLGSKONZEPTE GEGEN AGGRESSIONEN

EICHBORN.

*FÜR RENATE SCHNEIDER*

2   3   4   02   01

© Eichborn AG, Frankfurt am Main, März 2001
Umschlaggestaltung: Irma Schick
Lektorat: Marit Borcherding
Gesamtproduktion: Fuldaer Verlagsagentur, Fulda
ISBN 3-8218-1648-1

Verlagsverzeichnis schickt gern:
Eichborn Verlag, Kaiserstraße 66, D-60329 Frankfurt am Main
www.eichborn.de

»Das größte Problem der neuen Kindheit
ist ihre Unausgewogenheit.
Wir bieten den Kindern
› zu viele künstliche und zu wenige reale Welten,
› zu viel Passivität statt Bewegung und Eigentätigkeit,
› viele visuelle und zu wenige andere Sinneseindrücke,
› zu viele Informationen aus zweiter Hand statt Primärerfahrungen,
› zu viel Konsum und zu wenig Kreativität.«

*Charmaine Liebertz*

»Wenn es uns gut geht, wenn wir uns geliebt, anerkannt und erfolgreich fühlen,
werfen uns Frustrationen nicht um;
wenn wir aber alte Wut in uns haben, wenn Zorn noch nicht verraucht ist und
dann noch Niederlagen dazu kommen,
reicht schon ein Tropfen, um das Fass zum Überlaufen zu bringen«.

*Gisela Preuschoff*

# INHALT

Seit vielen Jahren sprechen wir von der »Spirale der Gewalt«. Wir wollen damit sagen, dass immer mehr junge Menschen in immer jüngeren Altersstufen immer brutalere Taten begehen, dass schon in Kindergärten Aggressionen zur Tagesordnung gehören.

Die Schulmassaker von Littleton und Denver in den USA im Jahre 1998 waren Kulminationspunkte nicht nur in Bezug auf die Frage, warum es zu so schrecklichen Exzessen bei Schülern kommt, sondern auch in Bezug auf die Ängste von immer mehr Eltern, wie sie ihre Kinder vor so etwas schützen können. Unter dem Eindruck von viel zu großen Schulen mit bis zu 2.400 Kindern und Jugendlichen in Chicago, Los Angeles und Washington D.C., die Gitter vor den Fenstern und Waffendetektoren an den Eingangstüren haben, in denen es eine eigene Schulpolizei gibt, in denen die Klassenräume und Flure kameraüberwacht sind und in denen die Lehrer einen Alarmknopf auf ihrem Pult haben, fragt der berühmte amerikanische Pädagoge Lewis J. Perelman in seinem Buch »Schools's Out«, ob nicht die Zeit von Schule, die in den letzten 250 Jahren eine wichtige Institution in einer Übergangsphase der Entwicklung der Menschheit war, nun endgültig vorbei sei. Erstens würden Kinder mittlerweile außerhalb der Schule mehr lernen als innerhalb und zweitens brächte eine derartige Ballung von jungen Menschen an einem Ort vor allem missliche gegenseitige Beeinflussungen mit negativen Trends und Sogwirkungen mit sich.

Auch in Deutschland wird zunehmend diskutiert, ob Schule in der herkömmlichen Form noch zeitgemäß sei, ob sie die gesellschaftliche Entwicklung mehr bremsen als befördern würde. Und nach den dramatischen Ereignissen von Bad Reichenhall, in dem ein 16-Jähriger mit einer Waffe seines Vaters aus dem Fenster schoss und erschoss, vom sächsischen Meißen und vom bayerischen Metten, in denen Schüler den Mord von Lehrern planten und durchführten, sowie nach dem gerade noch vereitelten Anschlag einer brandenburgischen Schülerin auf Lehrer und Schüler fragen sich immer mehr Eltern, was sie vorbeugend gegen Gewalt in der Schule und auf dem Schulweg zwischen

Schülern und gegenüber Lehrern, aber auch gegen Gewalt von Lehrern sowie gegen die Gewalt, die vom Schulsystem ausgeht, tun können.

Dieses Buch soll ihnen dabei helfen, die Ursachen von Gewalt zu verstehen und die Erfolgsrezepte gegen Gewalt, die es inzwischen durchaus gibt, selbst umsetzen zu können. Erziehung gegen Gewalt ist nämlich gar nicht so schwierig, wenn man rechtzeitig auf Sprachgewalt, Mobbing, Zerstören, Zuschlagen, Diskriminierung, Krankheit und Sucht, also auf Verhaltensauffälligkeiten, -schwierigkeiten und -störungen reagiert. Verstehen allein reicht dabei jedoch nicht, man muss auch erwünschtes Verhalten vorleben können, und man muss junge Menschen rechtzeitig mit ihren Verhaltensweisen konfrontieren, damit sie für ein Leben ohne und gegen Gewalt gerüstet sind.

Jedem Kapitel werden in Kurzform die wichtigsten Erkenntnisse der Gewaltforschung und die wirkungsvollsten Tipps zum Handeln gegen Gewalt vorangestellt.

Gelegentliche Wiederholungen sind unvermeidlich, damit jedes der vielen kleinen Kapitel für sich allein gelesen werden kann.

Wenn ich von Schülern, Erziehern und Lehrern spreche, meine ich geschlechtsneutrale Funktionsbegriffe, wie sie seit Jahrhunderten mit unserer Sprachgeschichte gewachsen sind, so dass es selbstverständlich ist, dass Schülerinnen, Erzieherinnen und Lehrerinnen jeweils eingeschlossen sind. Ich bitte um Nachsicht für diese Entscheidung, die keineswegs die wichtigen Errungenschaften zweier Emanzipationsbewegungen der letzten hundert Jahre in Frage stellen will.

Hamburg, im Frühjahr 2001
Peter Struck

# Einleitung: Was ist Gewalt?

- *Der Gewaltbegriff war ursprünglich eher positiv besetzt.*
- *Ohne die Fähigkeit zur Aggression können Menschen nicht überleben.*
- *Wenn wir Gewalt beklagen, meinen wir den Missbrauch von Gewalt.*
- *Konfliktfähigkeit ist der beste Ausweg aus der »Spirale der Gewalt«.*

Ursprünglich ist Gewalt ein eher positiver Begriff, so stehen die »göttliche Gewalt«, das »Gewaltmonopol« des Staates, die in unserem Grundgesetz verankerte »Gewaltenteilung« oder die »richterliche Gewalt« für Dinge, die wir bejahen. Nur mit Gewalt kann man in einen Apfel beißen, nur mit Gewalt kann man einen Baum fällen oder ein Tier schlachten.

Die Fähigkeit, aggressiv zu sein, ist für Menschen lebensnotwendig, weil sie sich sonst nicht wehren, behaupten und durchsetzen können; der Kampf ums Dasein ist in jedem Lebewesen angelegt. Ohne die Fähigkeit und Bereitschaft zu Gewalt ist Notwehr, ist ein Sich-Einmischen zum Schutz anderer gar nicht möglich. Allerdings kommt es auf den Umgang mit unseren Anlagen zur Gewalt und auf die Bewertung ihres Einsatzes an, wenn es um Aggressionen geht.

Ein Schiedsrichter, ein Jugendrichter, ein Trainer, ein Lehrer, Papa und Mama und schon das ganz kleine Kind müssen Gewalt einsetzen können, damit sie Gutes durchsetzen können. Opfer sollten gewaltreiche Verhaltensalternativen lernen, damit sie nicht mehr so leicht Opfer werden. Täter müssen mit dem Verheerenden ihres Gewaltpotenzials konfrontiert werden, damit sie ihre Aggressionen künftig anders, also angemessen und sinnvoll kanalisieren, und die Masse der Zuschauer muss zu »Streitschlichtern«, wie man in Nordrhein-Westfalen sagt, oder zu »Konfliktlotsen«, wie man in Niedersachsen formuliert, fortgebildet werden, damit sie sich notfalls auch mit Gewalt erfolgreich in brenzligen Situationen präventiv einmischen können.

Trotz seiner ursprünglich positiven Bedeutung ist Gewalt jedoch mittlerweile vor allem negativ besetzt. Wir sprechen von der »Spirale der Gewalt« in unserer Gesellschaft und von der »Gewalteskalation« im Kindergartenalter, von der Zunahme der Zahl der »schweren Gewaltkriminalität«, von »Gewaltverbrechern«, von »Schulgewalt«, und wir differenzieren den zuletzt genannten Begriff in »Schülergewalt«, »Gewalt von Schülern gegen Mitschüler«, »Gewalt von Schülern gegen Lehrer«, »Gewalt von Lehrern gegen Schüler«, »Schulweg-, Schulhof- und Schulbusgewalt« sowie auch »Schulsystemgewalt« aus.

Wenn Eltern von »Gewalt in der Schule« sprechen, dann meinen sie es negativ und dann haben sie Angst um ihre Kinder, obwohl sie zugleich auf die im Artikel 6 unseres Grundgesetzes ihnen zugestandene »Erziehungsgewalt« bestehen und obschon sie den Lehrern eine unterrichtliche und eine Zensuren- und Zeugnisgewalt zubilligen.

Wenn Gewalt in unserem allgemeinen Sprachgebrauch beklagt wird, dann geht es offensichtlich um den Missbrauch von Gewalt. Um diesen Missbrauch soll es auf den folgenden Seiten gehen, wohlwissend dass wir ganz oft nur mit bestimmten Formen von Gegengewalt diesen Missbrauch abwenden oder therapieren können. Und deshalb werden in den einzelnen Kapiteln zunächst sämtliche denkbaren Formen von Gewaltmissbrauch so dargestellt, dass wir verstehen können, wie sie entstehen und wachsen. Anschließend zeigen wir, welche Erfolgskonzepte gegen den Missbrauch von Gewalt es inzwischen gibt, welche Strategien sich vorbeugend gegen Gewaltmissbrauch bewährt haben und was man auch dann noch »reparierend« tun kann, wenn das Kind bereits »in den Brunnen gefallen« oder wenn der Jugendliche schon »den Bach hinunter gegangen« ist.

Das Verstehen der Ursachen von Gewaltmissbrauch, die Gewaltprävention und die Therapie von Gewalttätern sind die drei großen Säulen dieses Ratgebers für Eltern, Erzieher, Lehrer, Polizei, Jugendhilfe und Politik.

# WIE SICH GEWALT ZEIGT, UND WARUM ES DAZU KOMMT

## WELCHE FORMEN DER GEWALT GIBT ES?

- *Gewalt beginnt oft als Sprachgewalt.*
- *Auch mit Mimik und Gestik kann man gewalttätig sein.*
- *Die psychische Gewalt der kleinen Sticheleien und der Diskriminierung nennen wir Mobbing.*
- *Gewalt gegen Sachen, Gewalt gegen Menschen und sexuelle Gewalt finden die höchste Aufmerksamkeit in den Medien.*
- *Die Systemgewalt und die Gewalt gegen sich selbst werden oft übersehen, richten aber vor allem Langzeitschäden an.*

Gewalt im Sinne von Gewaltmissbrauch ist ein Symptom für eine unausgeglichene innere Bilanz, für eine vorübergehende oder dauerhafte innere Haltlosigkeit, für ein Nichtbeachten der ansonsten gültigen Spielregeln des menschlichen Zusammenlebens mit ihren Normen, Werten und Gesetzen.

Wer Gewalt in einer misslichen Form einsetzt, bemüht sich aus Hilflosigkeit um Ableitung eines inneren Frustrationsstaus. Die Entscheidung darüber, wohin die Aggressionen dabei gerichtet werden, wird in der Regel unbewusst getroffen, und zwar entweder indem bestimmte vorgelebte Gewaltformen mittels Modelllernens imitiert werden oder indem sich die Gewalt gegen den eigenen Körper richtet, weil die aggressiven Auswege erzieherisch verpönt sind und unter Strafandrohung stehen oder weil sie im Umfeld des jungen Menschen nicht vorgelebt werden.

› Gewalt beginnt meist sehr gering dosiert in Form der *Sprachgewalt*. Innere Unzufriedenheit, kleine Niederlagen oder Versagenserlebnisse führen zu Frust, und der wird dann entladen mit Fäkaliensprache. »Scheiße«, »Arschloch«, »fuck!« sind bewusst negativ gemeinte Verbalien, mit denen vor allem die innere Notlage oder ein herber

Schicksalsschlag nach außen veranschaulicht werden sollen. Mit schlimmen Kraftausdrücken beschimpft der »Täter« entweder sich selbst (beispielsweise im Rahmen eines Selbstgesprächs) oder sein Los oder einen anderen Menschen, dem die Schuld für ein Versagenserlebnis zugeschoben werden soll.

› Im weitesten Sinne gehört zur Sprachgewalt auch die Gewalt der *Körpersprache*, indem mit Mimik Verachtung ausgedrückt oder mit Gestik beleidigt wird. Wer einem anderen »den Vogel zeigt« oder den »Fuck-Finger« entgegenstreckt, will ihm sein Missfallen zum Ausdruck bringen, aber auch seine grundsätzliche oder nur akute Missachtung.

› Die psychische Gewalt gegen andere nennen wir *Mobbing*. Es ist eine Form des Psychoterrors, bei der Minderheiten diskriminiert, Vorurteile wider besseres Wissen gezielt als Kampfmittel eingesetzt und Rivalen am Arbeitsplatz oder beim Karrieregerangel diskreditiert werden. Mit Hilfe von Mobbing will man sich selbst in ein besseres Licht stellen, wenn es um Rangordnungsaufstieg oder um Ansehenssteigerung geht. Frauen-, Ausländer- oder Behindertenfeindlichkeit sind Ausdrucksformen von Mobbing, aber auch Lügen und Weglassen von Informationen. Schon immer mussten Menschen, die nicht der körperlichen oder geistigen Norm entsprechen als Zielscheiben für einen ausgrenzenden Spott, also für die Selbstaufwertung der Täter bzw. der Mobbingakteure herhalten. Beim Mobbing handelt es sich oft um unterschwellig, also gering dosiert eingesetztes Verächtlichmachen in den Augen anderer. Kleine Sticheleien, Ironie oder auch etwas derber Zynismus und Sarkasmus treffen das Opfer härter als Schläge, so dass Mobbing einen tiefer gehenden und länger anhaltenden Schaden anrichten kann als eine körperliche Verletzung. Die schlimmste Mobbing-Waffe ist wohl das Bloßstellen eines Menschen in der Öffentlichkeit, also beispielsweise das Blamieren eines Schülers durch einen Lehrer vor der ganzen Klasse.

› Die häufigste Form von Gewalt ist die *Gewalt gegen Sachen*. Sachbeschädigung gibt es als wahllos eingesetzte Entladung eines inneren Frustüberdrucks, indem Türen geknallt werden, Scheiben eingetreten werden oder gegen einen Baumstamm geschlagen wird. Gewalt gegen Sachen wird beispielsweise eingesetzt, um einem Feind einen indirekten Schaden zuzufügen, indem man sein Auto zerkratzt oder sein Türschloss mit einem Sekundenkleber funktionsuntüchtig macht. Sachbeschädigung kann aber auch ein Mittel sein, um beispielsweise in der Rangordnung einer Schülergang aufzusteigen. Schließlich beweist man damit Mut, etwas Verbotenes zu tun. Manchmal wird bei »gut« erzogenen Kindern dieser Mut nur aufgebracht, wenn kein »konkreter« Mensch geschädigt wird, sondern »nur« der Staat, die Wohnungsbaugenossenschaft oder ein Kaufhauskonzern. Parkbänke umzukippen, Papierkörbe abzufackeln oder Lastwagen zu besprühen erscheint ihnen »in Ordnung«.

> Die schwerwiegendste Form von Gewalt ist die *Gewalt gegen Menschen*; sie reicht vom Treten, Kneifen und Boxen, von der Ohrfeige und dem Erlernen von Kampfsporttechniken bis zum Einsatz von Waffen, um andere auszurauben, schwer zu verletzen oder gar zu töten. Das reine Waffentragen gilt dabei ebenso als Vorstufe zur körperlichen Gewalt wie eine martialische Aufmachung mit Glatze, Piercing, Tätowierungen, Springerstiefeln, Bomberjacke und Ketten- oder Baseballschläger. Zur Gewalt gegen Menschen werden letztlich auch Fremdenfeindlichkeit und die extremen Formen von Hooliganismus.

> Zur Gewalt gegen Menschen gehört als Sonderform auch die *sexuelle Gewalt*, mit der andere Menschen zu bloßen Lustobjekten für die eigene Befriedigung herabgesetzt werden. Vergewaltigung und sexueller Missbrauch heißt konkret, dass das Opfer der gewünschten Triebbefriedigung des Täters nicht zustimmen kann oder will und dass sich der Täter überhaupt nicht um die Zustimmung des Opfers zu seinen körperlichen Wünschen bemüht.

> Die vernachlässigste Form von Gewaltmissbrauch ist die *strukturelle Gewalt* oder *Systemgewalt*. Wir kennen sie aus totalitären und autoritären Gesellschafts- und Erziehungssystemen, mit denen Normen und Werte von oben herab verordnet werden, ohne dass der Bürger oder auch der junge Mensch von ihnen überzeugt wird. Aber

auch wenn Menschen nichts dagegen unternehmen können, dass ihr Wohngebiet von verkehrsreichen Straßen zerschnitten wird, dass die Architektur ihrer Trabantenstadt inhuman ist, dass ihre Arbeitsplätze wegrationalisiert werden, dass Neubaugebiete ohne soziale Folgeeinrichtungen hochgezogen werden, sind sie Opfer von Systemgewalt. Wenn Eltern ihre Kinder vernachlässigen oder überfordern, wenn sie sie überreden, statt zu überzeugen, dann sind Kinder ebenso Opfer von struktureller Gewalt wie dann, wenn sie zwischen rasendem und parkendem Autoblech spielen müssen. Viele Schüler sind aber auch Opfer der schulischen Systemgewalt mit ihrer schematischen Notengebung, dem Sitzenbleiben, der Verweigerung von Schulabschlüssen, ihren maroden Gebäuden und hohen Klassenfrequenzen, ihren unzeitgemäßen frontalen und lehrerzentrierten Belehrungsmethoden. Nicht zu vernachlässigen ist, dass zur strukturellen Gewalt auch die Medieneinflüsse und die jugendkulturellen Trends mit ihren Sogwirkungen in Richtung Konsumfixierung gehören.

› Kinder, die aus welchen Gründen auch immer nicht zu Aggressionen, also zur Gewalt nach außen neigen, entscheiden sich oft zur *Gewalt gegen sich selbst*. Diese nannten wir früher *Regression*, dann *Autoaggression* und bezeichnen sie nun als *Autodestruktion*. Wer gelernt hat, dass man Gewalt nie gegen Sachen und Menschen richten und nicht in Form von Sprachgewalt zum Ausdruck bringen darf, wer so etwas nicht vorgelebt bekommt und zugleich erfahren hat, dass das heftig bestraft wird, ist mit einem solchen Maß an Verpönung von Aggressionen aufgewachsen, dass er die Gewalt eher gegen sich selbst richtet, als sie nach außen abzuleiten. Als Beispiele für Autoaggression bzw. Autodestruktion gelten psychosomatische Störungen wie Migräne, Bauch- und Rückenschmerzen, Bettnässen, nervöse Tics, Nägelkauen und Hauterkrankungen, Asthma, Essstörungen, der Weg von der Depression über die Todessehnsucht in den Suizidversuch, der Ausstieg aus den vielen Übererwartungen, Reizüberforderungen und kleinen und großen Niederlagen des »grauen Alltags« mit Nikotin, Alkohol, Tabletten und illegalen Drogen sowie die Selbstverletzungen, Selbstverätzungen und Selbstverstümmelungen (auch in Form des harmloseren Piercens und Tätowierens). Auch der totale soziale Rückzug gehört dazu, den Soziologen Singularisierung und Trendforscher Cocooning nennen und den so manch eine Mutter auf folgende Weise beschreibt: »Mein Sohn ist eigentlich so intelligent und so lieb, aber er hat überhaupt keine Freunde, und er geht nie weg; er schließt sich jeden Tag stundenlang in sein Zimmer ein und kommuniziert nur noch mit dem Computer und dem Internet.«

## WIE ENTSTEHT GEWALT?

- *Eine Ursache allein reicht nicht aus, um den Beginn von Gewalt zu erklären.*
- *»Multiproblemmilieus« begünstigen Gewalt, müssen aber nicht dazu führen.*
- *Männliche Jugendliche und Heranwachsende sind besonders oft gewalttätig.*
- *Erst mit einer verstehenden Jungenpädagogik können wir Jungen auf aggressionsmindernde Weise mit ihren Taten konfrontieren.*

Gewalt ist vor allem jung und männlich. Die Kriminalitätsstatistiken weisen aus, dass die allermeisten Gewaltdelikte von Jugendlichen und Heranwachsenden männlichen Geschlechts begangen werden. Schließlich ist die Pubertät eine Zeit der besonderen Anfälligkeit für Gewaltmissbrauch, und zwar sowohl als Täter wie auch als Opfer. Gewalt hat für junge Leute leider oft etwas Faszinierendes, gelegentlich sogar einen erotischen Aspekt, und sie wird durchweg zur Selbsterfahrung gegenüber Gleichaltrigen und zur Grenzerfahrung gegenüber den in Familie, Schule und Nachbarschaft gültigen Normen und Werten eingesetzt.

Zur Gewalt kommt es, wenn ein stimmiges Weltbild noch nicht aufgebaut ist, wenn mit Neugier und Wagemut die Grenzen des Zusammenlebens ausgetestet werden, wenn sich Unsicherheit, Versagenserlebnisse, Niederlagen, Zurückweisungen, ein geringes Selbstwertgefühl und eine Reihe von schlechten Rahmenbedingungen für das eigene Leben addieren.

Gewalt hat nie nur eine Ursache; es müssen schon zahlreiche Bedingungen im Charakter und Umfeld des jungen Menschen zusammenkommen, damit sie virulent wird. Nur *ein* Grund allein – wie zum Beispiel Armut, niedrige Intelligenz, Fernseheinflüsse, verwehrter Schulabschluss, Scheidung der Eltern, Arbeitslosigkeit oder schlechter Umgang – reicht eigentlich nie aus, damit ein junger Mensch gewalttätig wird.

Kriminologen sprechen daher von »Multiproblemmilieus« als einem Ursachenkomplex, der gewaltauslösend sein kann, aber keineswegs muss. Es gibt viele junge Menschen, bei denen 20 schlimme Lebensumstände zusammen kommen, ohne dass sie als gewalttätig auffallen; andere werden aber schon kriminell, obwohl nur 16 dieser ungünstigen Faktoren ihr Leben mitbedingen.

Sagen wir also zunächst, warum mehr als 90 Prozent aller Jugendlichen und Heranwachsenden eigentlich nie durch eine gravierende Gewalttat auffallen: Bei ihnen lässt sich im Rückblick feststellen, dass ihren Bindungsbedürfnissen auf zufriedenstellende Weise entsprochen werden konnte, denn sie brauchen alle

> die Bindung an Bezugspersonen, zumindest aber an eine Person, die es auch über ihre Krisen hinweg mit ihnen aushält (ersatzweise binden sie sich an missliche Freunde, an Idole oder Demagogen),
> die Bindung an ein stimmiges Weltbild (Spielregeln, Normen, Werte, Grenzen, Gesetze, Naturgesetze bzw. eine Religion oder aber ersatzweise eine Ideologie oder eine subkulturelle Bindung)
> und die Bindung an ihre eigene Zukunft mit Motivationen, Perspektiven oder einem Lebensplan (ersatzweise binden sie sich sonst an Phantasien, Träume oder Utopien, oder sie steigen mit Drogen aus).

Umgekehrt gilt: Wenn ein Kind zum Beispiel von seinen arbeitslosen Eltern als unerwünscht und störend empfunden wird, diese hochverschuldet sind und von der Sozialhilfe lebend in einem sozio-kulturell benachteiligten Stadtteil »hausen« und sich ein paar Jahre später scheiden lassen, wenn das Kind zuvor täglich von seiner Mutter geschlagen und anschließend von seinem Vater sexuell missbraucht wird, wenn mit ihm kaum gesprochen und nie liebevoll gekuschelt wird, wenn es feinmotorisch gestört, hyperaktiv, mit einem geringen IQ ausgestattet und meistens falsch ernährt ist, wenn es bei Stress zu viel Adrenalin und Testosteron produziert und ohnehin ein cholerisches Temperament hat, wenn es schon im Kindergarten oft gehänselt wird, wenn es häufig vor dem Fernseher geparkt wird und dort viel zu früh sieht, wie seine Bildschirmhelden mit Pistolen, Fäusten und PS-starken Gefährten ihre Probleme austragen, wenn es zugleich in einem Milieu lebt, in dem Straßenbanden ihre Konflikte mit »Gangbanging« austragen, wenn es sitzen bleibt und es nicht einmal bis zum Hauptschulabschluss schafft, keinen Ausbildungsplatz bekommt und arbeitslos bleibt und dann von einer Familienersatz, Geborgenheit, Feindbild und Solidarität bietenden Skinheadgruppe aufgenommen wird, dann ist die Wahrscheinlichkeit sehr groß, dass es zu Gewaltmissbrauch neigt.

Der Leiter des Kriminologischen Forschungsinstituts Niedersachsen, Christian Pfeiffer, hat im Rahmen einer Untersuchung über den Zusammenhang von Schulschwänzen und Jugendkriminalität festgestellt, dass Ersteres in dem Maße zunimmt, wie »intakte soziale Netzwerke« fehlen; und die fehlen im Norden Deutschlands offenbar mehr als im Süden: Während junge Menschen in Bayern und Baden-Württemberg häufiger in einer intakten Familie und in einer noch funktionierenden Hauptschule aufwachsen, ist der Familienzerfall in Schleswig-Holstein und Hamburg besonders stark fortgeschritten. Die Hauptschule ist dort nur noch eine »Restschule« mit der Konzentration von Problemfällen, so dass in Kiel 15,1 Prozent aller Schüler notorische Schulschwänzer sind, in Hamburg 14 Prozent, in Hannover 13,5 Prozent, in Leipzig 11,3 Prozent, in Schwäbisch Gmünd dagegen 8,3 Prozent, in Stuttgart 7,8 Prozent und in München lediglich 5,9 Prozent.

Zwischen Schulschwänzen und Jugendkriminalität besteht laut Christian Pfeiffer ein evidenter Zusammenhang, mit dem es sich allerdings ähnlich verhält wie mit der Henne und dem Ei; es ist nicht ganz klar, welches Phänomen die Ursache und welches die Folge ist; wahrscheinlich bedingt sich aber beides wechselseitig.

Gewalt hat viele Väter, und sie hat mehr Väter als Mütter, denn das Wiederaufleben alter Männlichkeitsideale (»Macho«-sein, »Cool«-sein, äußere Stärke statt inneren Haltes) bei gleichzeitigem Rückzug der Männer in der Erziehung aus den Dimensionen Nähe, Emotionalität, Körperkontakt und soziales Engagement hat leider dazu geführt, dass vor allem für die kleinen Jungen, die auf der Suche nach ihrer Geschlechtsrolle sind, viel zu viel brutale Männlichkeit und viel zu wenig liebevolle Väterlichkeit repräsentiert wird. Das gilt für die Familie, den Kindergarten, die Schule, die Nachbarschaft, die Medien, die Politik sowie die Gesellschaft insgesamt. Die Männer haben sich erzieherisch und in Bezug auf die kindlichen Grundbedürfnisse zurückgenommen, sie haben viel zu vieles den Frauen überlassen. Die heute oft beklagte »Feminisierung« der Erziehung hinterlässt vor allem eine Lücke bei der väterlichen Grundversorgung des Kindes, in die dann Bildschirmhelden, Jugendbandenbosse, Waffenträger, Muskelprotze, Hooligans und Machos eindringen.

Gerade bei Jungen müssen wir uns deshalb viel mehr als bisher um Zustimmung zu unseren Erziehungsweisen bemühen; gerade den Jungen müssen wir helfen, angemessener auf Probleme zugehen zu können, damit sie nicht wegen Konfliktunfähigkeit in Gewalt, Sucht und Krankheit ausweichen. Wir müssen sie besser als bislang verstehen, und wir müssen sie im Rahmen einer »Jungenpädagogik« mit ihren Verhaltensweisen und Taten konfrontieren, damit sie nicht mehr so oft aus Hilflosigkeit zum Mittel des Gewaltmissbrauchs greifen.

## OHNE AGGRESSIONEN GEHT ES NICHT

- *Fast jeder Mensch ist zu Aggressionen fähig.*
- *Die Aggression ist die nach außen freigesetzte Frustration.*
- *Aggressionen können lebensrettend sein.*
- *Kinder müssen lernen, Aggressionen kultiviert zu kanalisieren.*
- *Aggressionen haben auch eine lustige und spielerische Dimension.*
- *Streitschlichter und Konfliktlotsen müssen auch aggressiv sein können.*

Es gibt Theorien, die Aggression als Verhalten definieren, und es gibt solche, die sie als menschliches oder auch als tierisches Grundbedürfnis beschreiben.

Wenn Aggression ein auf Schädigung des anderen zielendes Verhalten ist, dann kann sie im Rahmen von kultivierten menschlichen Umgangsformen nicht akzeptiert werden; wird sie jedoch als für Tiere lebensnotwendiges Durchsetzungs- und Behauptungsmittel verstanden, dann muss sie als biologisch normal hingenommen und sinnvoll gesteuert werden.

In der Schule müssen Aggressionen kultiviert kanalisiert werden. Sie treten zwar bei Frust auf, sie dürfen aber nicht wahl- und ziellos gegen Mitschüler und Lehrer eingesetzt werden, indem der aufgestaute Frust irgendwohin hinausgelassen wird, um das innere Gleichgewicht wieder herzustellen. Aber wenn jemand bis zur Körperverletzung hin bedroht wird oder gar sein Leben in Gefahr ist, dann muss er sich aggressiv wehren dürfen; wir nennen das Notwehr, und die ist erlaubt.

Es gibt Situationen, in denen sich Kinder mit Aggressionen wehren, behaupten und durchsetzen müssen, weil sie ohne die Fähigkeit zur Notwehr-Aggression erheblich beeinträchtigte Opfer werden würden.

Als Christina Nytsch mit ihrem Fahrrad im niedersächsischen Saterland zur Schule fuhr und dann auf dem Weg von einem Mann vom Fahrrad gerissen, vergewaltigt, ermordet und schließlich in einem weit entfernten Wald abgelegt wurde, stellte sich den besorgten Eltern ihrer Mitschülerinnen eine dringende Frage: Sollten sie ihren Töchtern für solche kritischen Situationen beibringen, wo man einem Mann einen gezielten Tritt oder Schlag hinversetzen muss, damit lebensrettende Fluchtsekunden gewonnen werden können, und sollten sie das schon siebenjährigen Mädchen beibringen.

Ich bin sicher, dass in unserer komplizierten und auch gewaltreichen Zeit so etwas durchaus beigebracht und eintrainiert werden sollte, damit diese Notwehr-Aggression für ernsthafte, lähmende Situationen zur Verfügung steht. Dazu gehört dann aber auch, dass verschiedene Varianten von kritischen Situationen nebeneinander gestellt und jeweilige dazu passende Verhaltensalternativen erörtert, bewertet und eingeübt werden müssen (Umkehr, Flucht, Schreien, Nicht-Schreien, Argumentieren, Hilfe holen), damit der Tritt in die Geschlechtsteile nicht schon dann als Aggressionsmittel eingesetzt wird, wenn ein siebenjähriger Mitschüler auf dem Schulhof einen harmlosen, aber leicht beleidigenden Scherz macht.

Um nicht von vornherein zum Opfer zu werden, muss jeder Mensch auch aggressiv sein können, und deshalb sorgen viele Eltern dafür, dass ihre Kinder Judo, Karate oder andere Kampfsporttechniken beherrschen, damit sie sie im Notfall zu ihrem eigenen Überleben einsetzen können, aber auch, damit sie so selbstsicher und selbstbewusst auftreten, dass sie als Angriffsziel nicht mehr so ohne weiteres in Frage kommen – was ihnen unter Umständen das Leben retten kann.

Kinder haben sehr unterschiedliche Temperamente. Einige von ihnen neigen zu cholerischen Wutausbrüchen oder zu amokähnlichen Aktionen, die unser Eingreifen erfordern oder – wenn wir nicht zugegen sind – das Eingreifen von streitschlichtenden Mitschülern. Wenn Schüler im Affekt alles vergessen oder verdrängen, was sie zuvor durch eine gute Erziehung an kultivierten Interaktions- und Kommunikationsweisen mit ihrer eigenen Zustimmung gelernt haben, dann müssen andere Menschen aggressiv eingreifen können, und zwar sowohl zum Schutz möglicher Opfer als auch zum Schutz des Täters selbst, der ansonsten mit strafbaren Handlungen in die Mühlen der Justiz und von Regressforderungen käme oder der selbst im Fortgang der Auseinandersetzung schwer verletzt werden könnte.

Übrigens: Schlagen ist immer eine Aggression, aber Schlagen ist nicht gleich Schlagen. Es kommt darauf an, wie man schlägt, womit man schlägt, wie es gemeint ist und ob es vom Opfer akzeptiert wird:

› Wenn der freundschaftliche Klaps eines schmächtigen Jungen auf die Schulter seines viel größeren und stärkeren Freundes wirklich freundschaftlich, aber deutlich gemeint ist, ist er akzeptabel.

› Wenn Papa gut gelaunt ist und mit einem Lächeln seinen dreijährigen Sohn beim Jagen durch die Wohnung einfängt, ihm dann einen leichten Klaps auf den Po gibt und der Kleine dann aufjuchzt, dann ist dieser Klaps in Ordnung.

› Und wenn Mama ihrem Sohn ein einziges Mal in 18 Jahren einen Schlag versetzt, um in einer extrem gefährlichen Situation deutlich eine Grenze aufzuzeigen, ist dieser Schlag ganz anders zu bewerten als derjenige, der sich in einer Kette von täglichem Schlagen ereignet. Der Schlag mit der flachen Hand oder mit der Faust ins Gesicht oder mit dem Rohrstock auf den Körper ist aber immer verboten, weil er die Würde des Opfers verletzt, weil er seine Gesundheit beeinträchtigt und weil er nie und nimmer vom Opfer und von der Gesellschaft akzeptiert werden kann. Insofern ist das Verbot des Schlagens, das der Deutsche Bundestag verabschiedet hat, ein außerordentlich wichtiges Signal auf dem Wege zur Verpönung von Gewaltmissbrauch gegenüber Kindern.

Ganz ohne Aggressionen geht es also weder in der Erziehung noch im Zusammenleben von Menschen. Bei immer wieder zu übermäßigen Gewaltausbrüchen neigenden Schülern hat es sich bewährt, Aggressionen, die nicht von heute auf morgen abstellbar sind, sinnvoll zu kanalisieren, so dass andere Menschen durch sie nicht geschädigt werden:

› Viele Schulen haben Spiel- oder auch Aggressionsräume, in die Schüler dann gehen können, wenn sie sich geärgert haben und wenn sie spüren, dass sie wieder einmal kurz davor sind zu explodieren. Sie stülpen sich dann die Boxhandschuhe über und schlagen auf einen Punchingball; sie steigen dreimal nacheinander auf einen Schrank und springen von da auf die vor ihm liegenden Matten; sie schlagen mit einem Vorschlaghammer auf ein zu diesem Zweck abgestelltes Schrottauto; oder sie greifen zu Hanteln, stemmen Gewichte oder kanalisieren ihren Kräfteüberschuss durch Gebrauch anderer Fitnessgeräte.

› Kampfsportarten und sehr körperbetonte Ballsportarten wie Rugby binden Aggressionen in Spielregeln ein, oft ergänzt durch Höflichkeit und um Respekt vor dem Gegner bemühte Rituale, wie wir sie von Kickboxern, Judokas, von Sumo-Ringern oder von Akteuren anderer ostasiatischer Kampfsportarten wie Taekwondo oder Aikido her kennen. Das ganz natürliche Aggressionspotenzial lässt sich kultivieren, und damit wird es nicht nur berechenbar, sondern es wird auf diese Weise auch vermieden, dass es sich in Form von Neurosen, Psychosen, Süchten, Selbstverletzungen, psychosomatischen Störungen, Depressionen oder anderen Krankheiten gegen den eigenen Körper richtet.

# Die Entscheidung zwischen Gewalt, Sucht und Krankheit

- *Für Kinder, die nicht gelernt haben, mit unterschiedlichen Verhaltensweisen angemessen auf ein Problem zugehen zu können, ist Konfliktfähigkeit zu schwierig.*
- *Für sie ist dann das Ausweichen in Aggressionen, psychosomatische Erkrankungen oder in Drogenmissbrauch leichter.*
- *Wer in einem gewaltreichen Milieu aufwächst, neigt über Modelllernen zu Aggressionen.*
- *Wer Aggressionen nicht vorgelebt bekommt, wer weiß, dass sie bestraft werden, neigt zur Autodestruktion, also zur Gewalt gegen sich selbst.*

Kinder sind geborene Lerner, und so lernen sie nicht nur Laufen und Sprechen sowie Lesen, Schreiben und Rechnen, sondern auch die Art des bevorzugten Gewalteinsatzes, wenn sie frustriert sind und sich wehren, behaupten und durchsetzen wollen oder wenn sie ihren Aggressionsstau hinauslassen. Wenn Kinder in einer Familie aufwachsen, in der sie oft geschlagen werden oder mit ansehen müssen, wie ihr Vater ihre Mutter und ihre Geschwister prügelt, wenn sie ganz oft Gewalt auf dem Bildschirm sehen, und wenn Zuschlagen und Zerstören in den Jugendgruppen ihrer Nachbarschaft eine große Rolle bei der Austragung von Konflikten spielt, wenn sie schon im Kindergarten viel aggressive Gewalt erleben und ihre Grundschullehrerin der Fäkaliensprache der Mitschüler keinen Einhalt gebietet, dann ist die Chance sehr groß, dass sie per Modell- oder Imitationslernen auch zu Aggressionen neigen. Kinder aus gewalttätigem Milieu sind nicht in der Lage, konstruktiv und gewaltfrei mit den vielen kleinen Anforderungen des Alltags umzugehen.

Zuschlagende und zerstörende Gewalt, Verbalgewalt und die Neigung, Minderheiten zu diskriminieren, korrelieren also immer mit der Unfähigkeit, aus mehreren denkbaren Verhaltensalternativen die jeweils sinnvollste, angemessenste, kultivierteste und am Ende die am besten problemüberwindende Lösung herauszufinden.

Konfliktfähigkeit bereits beim kleinen Kind aufzubauen ist deshalb eine der wichtigsten Erziehungsaufgaben unserer komplexen, komplizierten und wertepluralen Gesellschaft. Wer nicht vorgelebt bekommen und gelernt hat, wie man angemessen auf ein Problem zugeht und mit einer Krise fertig wird, dem fällt es schwer, sinnvoll mit einem Konflikt umzugehen; für ihn ist es dann leichter, auf das auszuweichen, was er oft erlebt hat und was er als Verhaltensweise verinnerlicht hat.

An Gewalt kann man sich gewöhnen, man lernt sie rasch. Deshalb neigen Menschen, die als Kind oft geschlagen wurden, dazu, ihre eigenen Kinder auch wieder zu schlagen, und deshalb fallen Kinder, die zu Hause häufig Opfer von Aggressionen werden, im Kindergarten vielfach als Aggressionstäter auf.

Aber Kinder, die in kultivierten Milieus nie Aggressionen erleben, die nur selten vor dem Bildschirm sitzen und die Gewalt aus ihrer Nachbarschaft nicht kennen, haben ebenso oft keine angemessene Problemlösungsstrategie. Weil sie auf andere Weise konfliktunfähig sind, neigen sie dazu, den Frust gegen sich selbst zu richten. Die Aggression ist erzieherisch erfolgreich verpönt, die erforderlichen Verhaltensalternativen zur jeweils passenden Problemlösung sind bei ihnen aber auch nicht entwickelt, so dass sie sich nicht für Aggressionen, aber für Rückzug, Krankheit oder Sucht entscheiden. Es gibt übrigens auch junge Menschen, die sowohl aggressiv als auch süchtig sind, beispielsweise die Hooligans, die sowohl auf gegnerische Fans einschlagen als auch alkoholabhängig sind.

In der gesamten Erwachsenenwelt und bei den Gymnasiasten spielt die Gewalt gegen sich selbst eine größere Rolle als die Aggressionen. Menschen, die in ihrem Handeln, Sich-Wehren, Sich-Behaupten und Sich-Durchsetzen nicht einmal so weit gehen, wie sie dürfen, die Beleidigungen wegschlucken, die jede Zumutung in sich hineinfressen, die sich im Falle von Herausforderungen erst recht in ihr Schneckenhaus zurückziehen, nennen wir neurotisch gestört. Sie sind unfähig, sich zu wehren, sie können nie aggressiv sein oder werden es erst nach einer fast unendlichen Kette von Torturen bzw. Quälereien; und dann ist die als Schlusspunkt der demütigenden Leidenszeit eingesetzte Aggression meistens völlig unverhältnismäßig und damit oft keineswegs problemlösend.

Wir unterscheiden folgende Arten von Autoaggression bzw. -destruktion, also von Gewalt gegen sich selbst:

> Autodestruktion beginnt oft mit Vermeidungsverhalten. Aus Angst vor Niederlagen

verweigern Schüler kurzfristig die Leistung; es werden keine Schulaufgaben gemacht, es wird nicht für Klausuren gelernt, so dass man langfristig seine Lage erheblich verschlimmert. Auch Erwachsene neigen dazu, indem sie ihre Steuererklärung nicht erstellen oder Briefe mit Rechnungen gar nicht erst öffnen. Wir nennen das auch die Neigung zum Aussitzen von Problemen.

> Wer sich nie wehrt, sich alles gefallen lässt und jeden Frust in sich hineinfrisst, wird als aggressiv-gehemmt bezeichnet. Er geht nicht gut mit sich selbst um und mag sich auch meist nicht.

> Wer den Frust nicht sinnvoll in eine Problemlösung hinein kanalisieren kann, sucht sich oft die sowieso in seinem Körper vorhandene Schwachstelle, die ihm sein Stoffwechsel oder seine Seele bieten: Psychosomatische Störungen oder auch Depressionen mit Suizidversuch können die Folge sein, aber auch das Sich-selbst-Verletzen. Im weitesten Sinne gehören auch das Piercen und das Tätowieren dazu.

> Wer das, was er eigentlich an Zuwendung und Erfolg zur Befriedigung seiner Grundbedürfnisse braucht, nicht bekommt, fügt es sich schließlich selbst zu, und zwar in Form von Essen, Konsum, Besitz oder Sammelwut. Ess- bzw. Fresssucht oder die Variante der Ess-Brech-Attacken (Bulimie) stehen ebenso für diese Art der Gewalt gegen sich selbst wie die übertriebene Sammelleidenschaft, die Arbeitswut (Workaholismus), die Sex- und die Spielsucht, wie der Waschzwang oder der Ordnungsfimmel. Eine übertriebene Reinlichkeitserziehung im Kleinkindalter kann diesbezüglich schon früh die Weichen stellen: Im Unterbewusstsein hat sich tief eingegraben, dass man nur lieb ist und belohnt wird, wenn man die Verhaltens-, Ordnungs- und Sauberkeitserwartungen der Mutter perfekt erfüllt. Und wenn das Kind endlich erwachsen und die Mutter längst tot ist, wacht sie mit ihren Normen immer noch im Unterbewusstsein über den weiteren Lebensvollzug.

> Eine besonders tragische, weil oft tödliche, Form des autodestruktiven Verhaltens

ist die Magersucht (auch Anorexie genannt), die ein Ausdruck von erheblich gestörter Selbsteinschätzung ist. Magersüchtige sind meist Mädchen, zunehmend neuerdings aber auch Jungen. Sie empfinden sich oft als zu dick, obwohl sie objektiv gesehen zu dünn sind. Magersüchtige Mädchen wollen unbewusst vielfach mit Essens-
entzug ihre körperliche Reife bremsen, weil sie nicht erwachsen und nicht
selbstverantwortlich werden oder weil sie sexuell nicht begehrenswert erscheinen
wollen, gelegentlich als Folge eines vorhergehenden sexuellen Missbrauchs. Der
Nahrungsentzug soll verhindern, dass sich ihre sekundären Geschlechtsmerkmale
ausbilden.

> Statt sich den kommunikativen und interaktiven Herausforderungen ihrer
menschlichen Umwelt zu stellen, begeben sich immer mehr Menschen auf den sozialen Rückzug, indem sie Weglaufen, Ausreißen oder auf Trebe gehen oder indem sie als Singles »Singularisierung« oder »Cocooning« betreiben. Sie leben lieber allein, statt sich eine weitere Lebenswelt mit vielen zusätzlichen Reizüberforderungen in der Partnerschaft, in der Familie oder in der Kommunikation und in
der handelnden Wechselwirkung mit anderen zu stellen. Singles sind nicht unbedingt einsam, sie genießen vielfach ihr Alleinsein, weil sie bereits mit dem Stress
im Straßenverkehr, am Arbeitsplatz, im Supermarkt, in der Nachbarschaft und in
den Medien ausgelastet sind. Der Single baut einen Kokon um sich, lebt allein in
seiner Wohnung und entscheidet ohne Kompromisse, wie er seine Freizeit ver-
bringt. Oder der Nicht-Single läuft einfach mit der Absicht weg, nie wieder heim-
zukehren, wie der berühmte Vater, der sagte: »Ich hole nur mal eben Zigaretten«,
oder das Kind, das einen Zettel schreibt, auf dem steht: »Liebe Eltern, ich gehe
weg und komme nie wieder, damit ihr nicht mehr solche Last mit mir habt.« Ausweichen scheint auf diese Weise leichter zu sein, als aktiv auf die Probleme direkt
zuzugehen.

> Im Sog von Gleichaltrigen lernen bereits Vierjährige, mit Hilfe von Zucker, und Neun-
jährige, durch Schnüffeln oder Rauchen, vorübergehend aus den vielen kleinen All-
tagsproblemen, Übererwartungen und Niederlagen bzw. Versagensergebnissen aus-

zusteigen. Das Problem wird betäubt, und wenn das vermeintlich funktioniert, kommt mit elf Jahren der Alkoholgenuss, um vor dem grauen Alltag oder der trostlosen Nachbarschaft, in der man wohnt, auszuweichen, hinzu. Später folgen Tabletten und dann der Einstieg in den Ausstieg aus der bedrückenden Realität mit illegalen Drogen. Mit Marihuana bzw. Haschisch und LSD beginnt es, endet es aber auch meist. Eine Minderheit greift jedoch auch noch zu Ecstasy, Speed, Crack, Kokain und Heroin oder neuerdings zu der besonders verheerend wirkenden Droge Yaba. Hier gibt es dann oft kein Zurück mehr, es sei denn durch zwanghaften Entzug und der Neugestaltung des Lebens nach einer Therapie.

## DIE GEWALTSPIRALE IN KINDERGÄRTEN UND VORSCHULEN

- *Störende Kinder neigen zum Schnellsprechen, zu Ein-Wort-Sätzen und zu aggressiver Körpersprache.*
- *Kinder, die zu selten in der wirklichen Welt leben, neigen zum Imitieren der Gewalt ihrer Bildschirmhelden.*
- *Sportlich tüchtige Kinder werden seltener Aggressionsopfer als unsportliche.*
- *Werden Fuß- und Beinschwache gestärkt, genießen sie anfangs ihre Aggressionsfähigkeit, weil sie einen Nachholbedarf in der Rolle des Täters haben.*

Deutschlands Kindergärtnerinnen klagen, die Drei- und Vierjährigen würden immer aggressiver werden. Brutale Schläge und Quälereien erschwerten die erzieherische Arbeit. Auf der Suche nach den Ursachen taucht die altbekannte These auf, dass niemand Täter wird, der nicht zuvor Opfer war: Viele Kinder werden unerwünscht geboren oder stellen sich als störend heraus, sie erleben deshalb viel Ablehnung, Zurückweisung, Vernachlässigung und Gewalt.

Bei Mangel an Liebe, Zeit, Ansprache, Körperkontakt, Zuhören und gemeinsamem Spiel versuchen kleine Kinder zunächst, mit ihren noch dürftigen sprachlichen Mitteln besonders schnell zu reden, um in möglichst kurzer Zeit möglichst viel Aufmerksamkeit und Zuwendung zu gewinnen; darin liegt eine Ursache des Polterns, also des verbalen Sich-Überschlagens, oder des Stotterns.

Da sie damit aber bei stressgeplagten, unzufriedenen und erschöpften Eltern kaum Erfolg haben, weichen sie rasch auf deftige Ein-Wort-Sätze, angereichert mit Floskeln aus der Fäkaliensprache, auf Schreien und Weinen sowie auf Korpersprache aus, zu der dann auch Spucken, Schlagen und Treten gehören. Mit Mimik, Gestik und Kraft errei-chen sie etwas mehr, so dass sie sich bald an diese Art der Kommunikation gewöhnen, die sie dann als bewährtes Instrument zur Durchsetzung und zur Behauptung in den Kindergarten oder in die Vorschule mitbringen. Dort treffen sie immer häufiger auf Kin-der, die ebenfalls gelernt haben, dass Körpersprache vermeintlich Lebenstüchtigkeit er-höhen kann, so dass sie in der Spielgruppe schließlich zu einem hochanerkannten und rangordnungsbildenden Interaktionsmittel wird.

Immer mehr Kinder wachsen mit einem Mangel an Geschwistern und Spielgefährten auf; sie »parken« viel zu oft und zu lange als einsame Kinder vor dem Bildschirm, wo ihre Fernsinne Hören und Sehen überfordert werden. Sie leiden unter Bewegungsdefizi-ten, es fehlen ihnen Erfahrungen mit Klettern, Schaukeln, Rutschen, Hüpfen, Balancie-ren und dem Umgang mit unterschiedlichen Materialien, so dass sie sinnesgeschwächt und koordinationsgestört sind. Sie vermögen Entfernungen und Geschwindigkeiten nicht richtig einzuschätzen und den Einsatz ihrer Kräfte nicht angemessen zu dosieren. Sie können daher nicht mehr so ohne weiteres – wie früher noch – Rollschuhlaufen oder Fahrradfahren lernen, aber auch nicht einschätzen, wie stark ein Schlag oder ein Tritt wirkt. So verletzen sie andere zunächst immer wieder ungewollt, bis diese sich schließ-lich ebenso heftig wehren; auf solche Weise entwickeln sich raue Umgangsformen lang-sam zu alltäglichen Kommunikationsweisen.

Kleine Kinder sehen gern Comic-Filme, in denen naturwissenschaftliche Gesetze weitgehend außer Kraft gesetzt sind: Ständig fallen dort wie bei »Road Runner«, bei den »Ninja-Turtles« oder bei »Paulchen Panther« Wesen aus 100 Meter Höhe zwei Me-ter tief in die Erde hinein, werden platt gewalzt und laufen sogleich danach unversehrt und lustig weiter. Gewalt bleibt in Comic-Serien durchweg ohne Folgen, so dass kleine Kinder mit ihnen ein völlig unstimmiges Weltbild vermittelt bekommen. Es setzt sie außerstande, sich in Opfer hineinzufühlen, geschweige denn ein Schuld- oder Unrechtsbewusstsein aufzubauen.

Der Gewalt sollten deshalb von Anfang an mit Deutlichkeit und mit Konsequenz Grenzen gesetzt werden. Sie muss verpönt werden. Vor allem sind ihr aber Alternativen des Sich-Wehrens vorbildhaft entgegenzusetzen, und das funktioniert am besten mit Hilfe von in Liebe eingebetteter, argumentierender Sprache.

Immer mehr Kinder wachsen mit einem Defizit an positiven Haut- bzw. Körperkontakten auf; vor allem Väter halten sich diesbezüglich allzu sehr zurück. Eltern mit einem harten, kalten, emotionsarmen und stets nur fordernden Führungsstil voller Übererwartungen erziehen insbesondere Jungen zu aggressiven Wesen mit einem Übermaß an brutalen Männlichkeitsidealen. Denn gerade Jungen bis etwa elf Jahre brauchen besonders viel emotionale Zuwendung; sie benötigen für ihr Wohlbefinden und für ihre Orientierung an der Rolle des Mannes ein hohes Maß an liebevoller Väterlichkeit. Väter müssen deshalb zum Kuscheln, zum In-den-Arm-Nehmen, zum Trösten und zum Streicheln ihrer Kinder ermuntert werden.

In vielen Familien haben Materialismus, Besitz und Konsum den höchsten Stellenwert eingenommen. Wer aus Stress, Erschöpfung oder Sorgen heraus kleine Kinder, die auf der Suche nach Geborgenheit, Wärme, Zuspruch und Zeit des Zusammenseins sind, mit Nahrung, Spielzeug oder Geld abspeist, bringt ihnen schon früh bei, dass das eigentlich Gemeinte auch stofflich ersetzt werden kann; er begünstigt damit ein späteres um Ersatzbefriedigung bemühtes Rauschbedürfnis und Suchtverhalten. Geschenke an Kinder müssen also zunächst Liebe zum Ausdruck bringen; sie dürfen jedoch nie anstelle von Liebe gemacht werden.

Eines ist jedenfalls sicher: Kinder, die mit einem ausgewogenen Maß an Liebe, Körperkontakt, Zeit, Ansprache, Zuhören, Spiel, Forderungen und Grenzen aufwachsen, geraten im allgemeinen weniger gewalttätig als andere.


Die Gewalt in Kindergärten war auch schon Gegenstand wissenschaftlicher Forschung. So hat Klaus Hurrelmann von der Universität Bielefeld ermittelt, dass bundesweit bereits fünf Prozent der Drei- bis Sechsjährigen gewalttätig sind; in Ballungsgebieten und

Problemstadtteilen liegt die Quote oft sogar schon über 20 Prozent. Deshalb hängen zur Zeit immer mehr Kindergärtnerinnen aus Hilflosigkeit gegenüber dem Phänomen Gewalt ihren Beruf an den Nagel. 63 Prozent der vorhandenen Kindergärtnerinnen und Erzieher erwägen diese »Lösung«, weil sie für die neuen Herausforderungen auch noch besonders schlecht bezahlt werden und weil die Kindergartengruppen unzeitgemäß groß sind. Mindestens 38.000 Stellen für Kindergärtnerinnen müssen nach Berechnungen des Deutschen Städtetages zu den 370.000 vorhandenen zusätzlich geschaffen werden, um die »Überlastfrequenz«, die zur Zeit herrscht, wenigstens halbwegs abbauen zu können.

Nach einer Studie von Johann Peter Gleich von der Katholischen Fachhochschule Köln liegt eine Begründung für die Aggressionseskalation in Kindergärten in dem umfangreichen Gewaltkonsum der Kleinen per Bildschirm. Bereits Fünfjährige sehen bis zu 70 Morde am Tag und bis zu 2700 Gewaltszenen pro Woche über die »Glotze«, die für sie oft Weltersatz ist, so dass sie ohne innere Distanz beim Zugucken die Bildschirmwelt für das wirkliche Leben halten, an dem sie ihr Verhalten ausrichten, bis sie schließlich wie »kleine Kampfmaschinen« wirken. Erfahrungen aus zweiter Hand aus der Video-, Fernseh- und Computerspielwelt ersetzen leider allzu oft das eigene Erleben und werden deshalb zum Anlass für Imitationslernen; die Helden der Filme sind vielfach die Modelle für das eigene Handeln in Konfliktsituationen geworden. Über Gewöhnung an solche Interaktionsmuster wächst dann die Gewaltspirale schon viel zu früh; denn auch Opfer von Spucken, Treten, Schlagen und Würgen müssen die von ihnen erlebten rauen Kommunikationsweisen pflegen, um sich auf Dauer wehren, behaupten und aufsteigen zu können. Schließlich bringen sie ihr Gewaltpotenzial in die Grundschule mit, und wenn die Lehrer dort dann etwas dagegen tun wollen, ist es entweder schon zu spät, oder es muss ein mehrfach größerer Reparaturaufwand betrieben werden, als wenn alle Eltern, Kindergärtnerinnen, Erzieher und Vorschulpädagogen mit hoher Präventionskompetenz sämtliche Anzeichen von Gewalt schon im Keime kanalisieren, ersticken und verpönen würden.

Sportlich tüchtige Kinder werden im übrigen seltener unterdrückt und seltener Opfer von Gewalt als unsportliche. Stärkt man therapeutisch die unsportlichen Kinder, holen sie allerdings die zu selten gehabten Erlebnisse in der Rolle des Gewalttäters anfangs auf übertriebene Weise nach. Sie genießen ihre Aggressionen und deren Folgewirkungen; aber in dem Maße, wie damit ihr Selbstwertgefühl wächst, sinkt und normalisiert sich dann auch ihre Gewaltbereitschaft wieder.

## WARUM SIND JUNGEN HÄUFIGER GEWALTTÄTIG ALS MÄDCHEN?

— *Im Y-Chromosom der Jungen ist ein höheres Gewaltpotenzial angelegt als in den X-Chromosomen des Mädchens.*

— *Wenn Mädchen gewalttätig werden, kopieren sie die Jungen.*

— *Die schwache Brücke zwischen linker und rechter Hirnhälfte bei den Jungen begünstigt, dass sie ihren Frust eher hinauslassen als die Mädchen.*

— *Wenn Jungen mehr Nähe, Emotionalität, Körperkontakt, Kommunikation und soziale sowie kreative Ansprache und Herausforderungen als bislang bekommen, müssen sie nicht mehr so aggressiv sein.*

— *Den Vätern und männlichen Pädagogen ist die Verantwortung zugewachsen, Jungen liebevoller als bislang zu erziehen.*

Mädchen werden auch gewalttätig, aber nicht so oft wie Jungen. Als es vor Jahren in Hamburg-Wilhelmsburg die »Wilhelmsburger Türken-Boys« (WTB) gab, die als Stadtteilbande sehr aggressiv waren, gründeten sich etwas später auch die »Wilhelmsburger Türken-Girls« (WTG), zunächst als Schutzgemeinschaft gegen Mobbing durch Deutsche, schließlich aber nach dem Vorbild der Jungen selbst gewalttätig werdend.

Der Deutsche Kinderschutzbund hat festgestellt, dass die Jungengewalt in den vergangenen zehn Jahren um etwa 50 Prozent zugenommen hat, während die Mädchengewalt bei einer deutlich geringeren Ausgangslage um etwa 64 Prozent angewachsen ist.

Nach dem Vorbild von Jungen planten im April 2000 drei siebenjährige Mädchen in Lake Station im amerikanischen Bundesstaat Indiana einen Mord; sie wollten eine Mitschülerin, die sie nicht mochten, aus dem Weg schaffen. Zum Glück wurde dieser Plan genauso vereitelt wie ein ähnlicher einer Schülerin aus Brandenburg.

Bei Mädchen gibt es zerstörerische Aggressionen auch, aber rein statistisch kommt dabei auf neun Jungen nur ein Mädchen. Wenn Mädchen gewalttätig werden, liegt die Störung in der Regel sehr viel tiefer, und sie ist auch sehr viel schwieriger zu therapieren; aber sie kopieren eigentlich nur männliche, ihnen sonst eher wesensfremde Verhaltensmuster.

Das männliche Aggressionspotenzial ist größtenteils auf das bei Mädchen nicht vorhandene Y-Chromosom im Erbgut und auf spezielle Hormonkonstellationen zurückzuführen; es hat aber auch etwas mit einem anderen Hirnaufbau bei Jungen und den bei ihnen ausgeübten Erziehungsweisen zu tun.

Die schwache Vernetzung zwischen linker und rechter Hirnhemisphäre bei Jungen sorgt dafür, dass sie im Falle von Frust nur schwer mit der Emotionalität, Kreativität, Musisches, Soziales und Kommunikatives steuernden rechten Hirnhälfte ausgleichen können, wenn sie zuvor überwiegend linkshirnig erzogen wurden. Solange wir Kinder noch darauf trimmen, funktionierende Rädchen im Getriebe unserer Gesellschaft zu werden, schulen wir fast ausschließlich ihre linke Hirnhemisphäre, die für das Rationale, das Logische, das Zahlenverständnis, das Raumvorstellungsvermögen, den Wortschatz und die Grammatik steht.

Mädchen können mit ihrer breiten Brücke zwischen linker und rechter Hirnhälfte Frustrationen besser mit eigenen Mitteln ausgleichen.

Wenn Mädchen diesen inneren Ausgleich nicht schaffen, dann verletzen sie auch mit ihren Störungen eher sich selbst (Magersucht, Tablettensucht, Depressionen, Bulimie, Migräne ...), was das Verhältnis von neun zu eins zwischen Jungen und Mädchen bei Delikten der Gewaltkriminalität und das von neun zu eins zwischen Mädchen und Jungen bei der Neigung zu Selbstverletzungen erklärt.

Bei Jungen müsste also die rechte Hirnhälfte viel mehr direkt von außen angesprochen und herausgefordert werden als bei Mädchen. Tatsächlich aber ist es umgekehrt:

> Mütter sprechen mit ihren Töchtern mehr als mit ihren Söhnen.
> Töchter bekommen mehr Nähe, Emotionalität, Körperkontakt und soziale Herausforderungen als Söhne.
> Mütter geben mehr Körperkontakt als Väter.

> Norddeutsche Kinder bekommen weniger Körperkontakt als süddeutsche.

> Deutsche Kinder bekommen, wenn sie klein sind, weniger Körperkontakt als skandinavische Kinder und die in den mediterranen Ländern.

> Kleine Jungen sind zerbrechlicher und krankheitsanfälliger als kleine Mädchen, und sie hinken in ihrer Entwicklung bis etwa zum elften Lebensjahr ungefähr ein halbes Jahr hinter der Entwicklung der Mädchen hinterher.

> Kleine Jungen weinen eher, lauter und länger als kleine Mädchen.

> Mädchen und Frauen sprechen pro Tag im Schnitt fast 11.000 Wörter mehr als Jungen und Männer.

Man könnte daraus schließen, dass ein norddeutscher Junge, der allein mit seinem Vater aufwächst, emotional, sozial und kommunikativ, aber auch kreativ, besonders arm dran ist. Zum Glück stimmt das nicht, denn alleinerziehende Väter sind gegenläufig zu dem Vorurteil, sie könnten es mit der Erziehung nicht gut bewerkstelligen, besonders um eine ausgleichende Zuwendung bemüht, so dass vor allem ihre Kinder erzieherisch gut gelingen, wie eine Studie des Volkszählungsbüros Washington D.C. zumindest für die USA erwiesen hat. Danach stehen übrigens Kinder von berufstätigen Müttern, ob sie nun alleinerziehend sind oder nicht, erzieherisch gesehen am zweitbesten da.

Wir müssen es also schaffen, die Männer in der Erziehung wieder zu mehr Emotionalität, Nähe und Körperkontakt zu bewegen und den Jungen eine stärkere direkte Förderung ihrer rechten Hirnhälfte angedeihen zu lassen, wie wir es in den siebziger Jahren des vergangenen Jahrhunderts schon einmal erfolgreich versucht haben. Sonst werden die Jungen auch weiterhin eher auf der Strecke bleiben als die flexibleren Mädchen, dann wird Gewalt nach wie vor vor allem männlich und jung bleiben, und zwar sowohl auf der Täter- als auch auf der Opferseite.

# GEWALT DURCH FAMILIÄRE EINFLÜSSE

- *Auf neun von zehn Kindern färbt familiäre Gewalt ab, eines von zehn Kindern wird jedoch durch sie abgeschreckt.*
- *Kinder, die oft geschlagen werden, fühlen sich schließlich selbst schuldig, und sie neigen dazu, Schläger zu werden.*
- *Wenn Schläger mit ihrer Gewalttätigkeit durch andere Gleichaltrige, die selbst Schläger waren, konfrontiert werden, können auch sie noch zu Nicht-Schlägern gewandelt werden.*
- *Kleine Jungen beeinflusst ein misslicher Papa mehr als eine positive Mama.*
- *Also müssen sich vor allem die Väter ändern.*

Die Qualität des familiären und nachbarschaftlichen Umfeldes ist in hohem Maße verantwortlich dafür, ob ein Kind gewalttätig wird oder nicht.

Die Hälfte von dem, was die kindliche Persönlichkeit ausmacht, ist durch das Erbgut bestimmt, und von der anderen Hälfte werden etwa 70 Prozent in den ersten drei Lebensjahren weichenstellend geprägt; weitere 20 Prozent ereignen sich ungefähr bis zum zehnten Lebensjahr. In den ersten Lebensjahren können die Eltern also ausgesprochen viel richtig oder auch falsch machen.

Wenn mit Kindern anfangs viel gesprochen und ihnen stets gut zugehört wird, wenn die Eltern das, was sie sich an Werten und Verhaltensweisen vom Kind wünschen, selbst vorleben, und wenn sie ihm etwa vom vierten Lebensjahr an helfen, sich angemessen entscheiden, wehren, behaupten und durchsetzen zu können, dann gelingt das Kind gewaltloser, als wenn die Eltern selbst gewalttätig sind, Grenzen immer wieder anders setzen, ihren Sohn oder ihre Tochter vernachlässigen oder auch im Gegenteil restlos verplanen.

Der Fernsehapparat allein hat ebenso wenig Schuld an der gewaltreichen Entwicklung eines Kindes wie Armut allein. Denn gegen alle denkbaren misslichen Einflüsse können die Eltern aktiv gegensteuern, und zwar mit den drei goldenen Aspekten Auswahl, Dosierung und Gesprächsbegleitung. Wenn Kinder nur wenig Gewalt auf dem Bildschirm sehen und diese dann durch die mitschauenden Eltern relativiert und verpönt wird, wenn Sprachgewalt schon im Ansatz unter dem Motto »Wehret den Anfän-gen!« zurückgewiesen und von den Eltern nie vorgemacht wird, wenn schlimme Ereig-nisse in der Nachbarschaft schon früh so kommentiert werden, dass das Kind sie be-greift, dann wird es höchstwahrscheinlich nicht gewalttätig werden.

Während Negatives nur auf etwa zehn Prozent der Kinder eine abschreckende Wir-kung hat, färbt es bei 90 Prozent aller Kinder ab, wenn nicht bewusst mit erzieherischen Mitteln gegengesteuert wird. Das heißt konkret: Neun von zehn Kindern, die ständig von ihren Eltern geschlagen werden, schlagen auch später wieder ihre Kinder, nur eines tut es nicht, weil es am eigenen Leibe erlebt hat, wie schlimm Schläge sind, weil ihm dieser schreckliche Zusammenhang einleuchtend geworden ist und weil es sich vor-nimmt, so etwas seinem Nachwuchs zu ersparen.

Aber selbst die 90 Prozent der geschlagenen und schlagenden Kinder können noch als Jugendliche aus dem Teufelskreis von Geschlagenwerden und Selbstschlagen he-rausgeholt werden. Man kann sie zum Beispiel mit anderen Jugendlichen, die selbst Schläger waren, konfrontieren und diese Konfrontation mit einer deutlichen Abwertung des Schlagens als einer Aktion, die ihre Wurzeln in einer inneren Schwäche und Feigheit des Täters hat, verknüpfen.

Denn zum Schlagen gibt es stets bessere Alternativen, um sich zu wehren, zu be-haupten und durchzusetzen oder seinen Frust zu kanalisieren. Argumentieren ist bes-ser als Zuschlagen, oder wie Michael Heilemann von der Jugendanstalt Hameln, in der das Anti-Aggressivitäts-Training entwickelt worden ist, formuliert: »Totreden ist immer noch besser als Totschlagen.« Das verstehen auch jugendliche Wiederholungsgewalt-täter, wenn sich andere jugendliche Mehrfachstraftäter, die das »Coolness-Training« mit »Provokationstests« »auf dem heißen Stuhl« bereits absolviert haben, mit ihnen konfrontativ auseinandersetzen. Die Rückfallquote der ehemaligen Schläger der Ju-gendanstalt Hameln sank jedenfalls von 78 Prozent auf etwa 25 Prozent.

In Hannover existiert eine Selbsthilfegruppe schlagender Mütter, denen die Hand gegen ihren Willen immer wieder ausrutscht. Die Erfahrung hat gezeigt, dass sie erst dann ganz das Schlagen unterlassen, wenn sie von anderen schlagenden Müttern mit ihrer schlimmen Neigung konfrontiert werden, wenn sie mittels ständiger Gespräche über Erziehung beginnen, Erziehung besser zu verstehen, und wenn sie sich ihrer eigenen meistens gewaltreichen Kindheit und dem damit verbundenen Leiden voll bewusst geworden sind. Das funktioniert aber nur, wenn gleichzeitig Verhaltensalternativen zum Schlagen mit ihnen aufgebaut und über Rollenspiele eintrainiert werden.

Bis zum dritten Lebensjahr müssen Kinder autoritär, aber liebevoll geführt werden. Vom vierten bis zum 13. Lebensjahr brauchen sie eine autoritative, d. h. auf echter Autorität beruhende Erziehung, die sich um Zustimmung des Kindes zu Normen und Werten bemüht. Das Kind muss in dieser wichtigen Phase überzeugt, nicht überredet werden; es muss sich ein eigenes stimmiges Weltbild, nicht das seiner Eltern, aufbauen können, auch wenn es auf dem Weg zu seiner Zustimmung oft einen solchen Widerstand leistet, dass das Bemühen der Eltern um die kindliche Zustimmung gelegentlich wie Ringen anmutet. Und vom 14. Lebensjahr an sind Jugendliche so weit entwickelt, dass sie nur noch ein Stück ihres Weges von den Eltern begleitet und beraten, aber nicht mehr erzogen werden wollen. Die Eltern haben im Jugendalter nur noch einen indirekten Einfluss, der sich im wesentlichen auf den Umgang des jungen Menschen mit den Medien, mit den Gleichaltrigen, mit Trainern, Lehrern und Ausbildern sowie auf die Nachbarschaft, die Reiseerlebnisse und die dingliche Einflusswelt bezieht.

Zum Thema Medien lässt sich sagen, dass außergewöhnlich gewalttätige Jugendliche in der Regel nur wenig fernsehen; sie sind dafür aber wesentlich häufiger mit anderen gewalttätigen Jugendlichen zusammen, von denen ihr Verhalten mehr gesteuert wird als vom Bildschirm mit seinen gewaltreichen Szenen. Diese Bildschirmgewalt greift umso stärker, je geringer die Intelligenz des jungen Menschen ist – was im übrigen auch für den Einfluss der Gleichaltrigkeitsszenerie gilt. Vor allem kleine Kinder, Lernbehinderte und Hauptschüler sind daher durch Gewalt sehr ansteckungsgefährdet; ältere Jugendliche und Gymnasiasten sind es eher weniger.

Da Gewalt vor allem ein männliches Phänomen ist, kommt den Vätern eine besondere Verantwortung bei der Erziehung gegen Gewalt zu. Denn wenn Mama nie gewalttätig und stattdessen stets fürsorglich ist, der Vater aber ziemlich brutal, dann orientiert sich ihr Sohn auf dem Wege zu seiner eigenen Männlichkeitsrolle mehr an seinem gewalttätigen Vater als an seiner liebevollen Mama. Wenn sich der eigene Vater aber nicht positiv verändern lässt, dann muss eben im Kind eine kritische Distanz zu seinem Vater aufgebaut werden, dann muss es notfalls sogar gegen ihn gestärkt werden, damit es sich nicht schuldig am Verhalten seines Vaters und an seinem Opferdasein fühlt. Denn wenn Kinder oft geschlagen werden, fühlen sie so etwas wie eine Mitschuld; sie glauben irgendwann, dass sie die Schläge verdient haben; sie erfüllen auf Dauer die negativen Erwartungen ihrer Eltern, so dass sie am Ende tatsächlich dem Bild entsprechen, dass die Eltern von vornherein von ihnen hatten oder ihnen einredeten.

In Zukunft sollten also durch entsprechende Frühwarnsysteme in Kindergärten, Schulen, Jugendämtern, Sportvereinen und Ferienlagern sowie über kommunale Präventionsräte, zu denen auch Kinderärzte und Polizisten gehören, wesentlich mehr Jungen als bisher die Chance erhalten, sich innerlich von ihrem gewalttätigen Vater zu distanzieren und sich aus Überzeugung an liebevolleren männlichen Bezugspersonen zu orientieren.

## Gewalt durch Nachbarschaft

- *Mit der Wahl von Wohnort, Kindergarten, Schule und Sportverein steuern die Eltern die Art und das Maß der Gewalteinwirkung auf ihr Kind mit.*
- *Nachbarschaft hat einen enormen indirekten erzieherischen Einfluss auf das Kind.*
- *Eltern, deren Kinder in einer gewaltreichen Nachbarschaft aufwachsen, tun gut daran, ihre Kinder gewaltfähig zu machen. Diese verzichten dann eher auf den Gewalteinsatz und werden seltener Opfer.*

Die Zahl der deutschen Schüler, die in England oder Schottland ein Internat oder eine andere Privatschule besuchen, hat sich in den letzten Jahren versiebenfacht. Dort tragen die Schüler Schuluniformen, die einerseits Vermögensunterschiede der Eltern überdecken und das Wir-Gefühl erhöhen sollen und andererseits ein gewisses elitäres Bewusstsein zum Ausdruck bringen.

Eltern wollen mit Hilfe von Privatschulen den guten Umgang ihres Kindes indirekt erzieherisch mitgestalten, nicht ahnend, dass sie damit eventuell gleichzeitig auch den Drogeneinstieg ihres Sohnes oder ihrer Tochter oder gar den Ausbau einer zu Hause bereits begonnenen Drogenkarriere begünstigen. Denn Jugendliche werden vor allem von anderen Jugendlichen beeinflusst, und das meist mehr als von noch so wohlmeinenden Eltern und Lehrern. In Internaten spielen jedenfalls Drogen oft eine größere Rolle als an staatlichen Halbtagsschulen in der häuslichen Nachbarschaft; jedenfalls gilt das besonders für sehr teure »Edelinternate«.

Eltern beeinflussen mit der Wahl des Wohnortes, mit dem Stadtteil, in dem sie leben, mit dem Kindergarten, für den sie sich entscheiden, und mit der Schule, auf die sie ihr Kind schicken, immer auch die erzieherischen Faktoren, die auf ihr Kind wirken. Das gilt auch für die Reiseziele, für die zur Verfügung gestellte Literatur, für die Ausstattung des Kinderzimmers, die Wahl der Sportart und des Sportvereins und für das Nachgeben oder Nichtnachgeben der Wünsche des Kindes nach modischen Trends und Accessoires.

Es gibt Wohngebiete, in denen Gewalt kaum vorkommt, in denen es keine Jugendbanden gibt, in denen ein hohes Maß an nachbarschaftlicher sozialer Vernetzung und Kontrolle existiert, in denen fast alle Kinder ein Gymnasium oder eine Waldorfschule besuchen, am Schüleraustausch ins Ausland teilnehmen, und Klavier oder Geige sowie Hockey oder Tennis spielen, reiten, Ski laufen oder Ballett tanzen. Die Familien verreisen zwei- bis dreimal pro Jahr und der Bildschirm spielt nur eine geringe, das Buch aber eine große Rolle. Aggressive Gewalt wird in solchen Milieus weitgehend vom Kind ferngehalten, es kommt also für Imitationslernen kaum in Frage. Aber wenn ein derartiges Programm zu gut gemeint ist, wenn es mit Übererwartungen und damit Überforderungen und vielen kleinen täglichen Niederlagen verbunden ist, weil dem Kind die ausgleichende Muße fehlt, dann besteht die Gefahr, dass es später psychosomatisch krank, neurotisch oder auch drogenabhängig wird, es sei denn, es entscheidet sich für die harmloseren Störungen der Arbeitswut, der Sammelleidenschaft oder des Reinlichkeits- und Ordnungswahns.

Wer hingegen mit seiner Familie in einem Problemstadtteil lebt, in dem Straßenbanden eine große Rolle spielen, in dem schon im Kindergarten Rangeleien, Mobbing, Ausländerfeindlichkeit, gewaltreiche Fäkaliensprache, Graffiti-Sprühen sowie Zuschlagen und Zerstören an der Tagesordnung sind und in dem Schüler Waffen mit sich führen und oft schlimmste Action- und Horrorfilme sehen, in dem sexuelle Verfrühungen und Verführungen sowie Mutproben wie das Klauen im Supermarkt üblich sind und in dem

Nachbarn immer wieder ihre Frauen und Kinder misshandeln, hat es außerordentlich schwer, Gewalt zu verpönen und sein Kind gewaltfrei aufwachsen zu lassen. Der Sog der Nachbarschaft und der Mitschülerschaft ist stets gewaltig, wenn es um Gewalt geht. Wenn Kinder erleben, dass andere Kinder mit Gewalt nach oben kommen, sich damit also Anerkennung und Rangordnungsaufstieg verschaffen können, dann bekommt Gewalt für sie auch etwas Faszinierendes. Es droht dann die Gefahr, dass die Verpönung der Gewalt durch ihre Eltern an ihnen abprallt. Deshalb sollte die gewaltreiche Nachbarschaft im Bewusstsein des Kindes sortiert werden. Es muss ständig mit den Gewaltereignissen per Gespräch konfrontiert werden, und seine eigene Gewaltfähigkeit muss sogar erhöht und zugleich in geordnete Bahnen gelenkt werden:

› Eltern, die mit ihren Kindern in gewaltreichen Nachbarschaften mit gewaltreichen Kindergärten, Schulen und Jugendgruppen leben, müssen mit ihnen ständig über Gewalt sprechen. Sie müssen ihnen friedliche Verhaltensalternativen vorleben und eintrainieren, müssen dafür sorgen, dass Gewalt und Verhaltensalternativen zum Thema auf Elternabenden werden, und müssen versuchen, mit Kindergärtnerinnen und Lehrern aktiv ein Netzwerk gegen Gewalt aufzubauen, indem sie beispielsweise einen Präventionsrat gründen. Sie müssen aber auch ihr Kind, wenn es häufiger Opfer von Gewalt wird, verbal stärken, damit es sich nicht an die Opferrolle gewöhnt: »An dir liegt es nicht«, »Du kannst nichts dafür«, ...

› Eltern, deren Kinder in gewaltreichen Nachbarschaften leben, tun gut daran, ihr Kind Judo, Karate, Taekwondo, Aikido oder Kickboxen in einem Verein lernen zu lassen und den Wünschen nach Expandern, Hanteln oder anderen Fitness- bzw. Bodybuilding-Geräten zu entsprechen. Denn wer sich im Notfall erfolgreich wehren kann, tritt selbstbewusster auf, so dass er als Opfer nicht mehr so ohne weiteres in Frage kommt. Wer dem Angreifer ohnehin körperlich, technisch und moralisch überlegen ist, verzichtet eher auf den Gewalteinsatz; er favorisiert Verhaltensalternativen wie das Ignorieren, das Argumentieren, das Verächtlichmachen des Angreifers, das Sich-totlaufen-Lassen von Aggressionen, den friedlichen Rückzug und das Hilfeholen.

# HABEN DIE MEDIEN SCHULD AN DER GEWALT?

— *Bildschirme sind wie Bücher, Messer und Rechenschieber nur Hilfsmittel; sie*
   *können Segen oder Fluch sein.*
— *Auf den Umgang mit den Medien kommt es mehr an als auf ihre Inhalte.*
— *Fernsehfilme und Computerspiele müssen ausgewählt, zeitlich dosiert und mit*
   *Gespräch begleitet werden.*
— *Kinder, die Orientierung, Geborgenheit und Halt bei ihren Eltern finden, sind ge-*
   *gen Bildschirmgewalt weitgehend gefeit.*
— *Wenn Kinder die Kluft zwischen ihrer grauen Alltagswelt und der bunten Traum-*
   *welt ihrer Action-Filme nicht überbrücken können, wenn sie zu klein oder*
   *schwach begabt sind, sind sie durch Fernsehgewalt gefährdet.*

Es ist eine Binsenweisheit, dass Bücher sowohl wichtiges und wertvolles Gedankengut als auch Schund transportieren können. Das gleiche gilt für den Fernseher, das Videogerät, den Computer und das Internet. Sie sind nur Geräte, mit denen man Informationen jeglicher Art vermitteln kann. Die Medien an sich sind nicht das Problem, sondern der Umgang mit ihnen ist es.

Alles, was man Kindern über- oder unterdosiert und völlig ohne Gesprächsbegleitung anbietet, kann gefährlich werden. Deutsche Kinder sehen zur Zeit im Schnitt 84 Minuten täglich fern, inklusive Video, Computer, Spielkonsole und Gameboy. Das scheint viel zu sein, doch die Realität übertrifft diesen statistisch errechneten Wert bei weitem. Tatsächlich haben Hamburger Vor- und Grundschulpädagogen ausgezählt, dass Fünf- und Sechsjährige im Stadtteil Horn täglich bis zu neun Stunden vor der Glotze sitzen und dass sie von Freitagmittag bis Sonntagabend auf etwa 30 Stunden an Bildschirmkonsum kommen. Tatsächlich haben Medienwissenschaftler ermittelt, dass mittlerweile 54 Prozent der deutschen Grundschüler ein eigenes Fernsehgerät in ihrem Kinderzimmer haben, 27 Prozent einen Videorekorder, 34 Prozent einen Computer und zwei Prozent einen Internetanschluss. Allerdings ist diese Tatsache an sich noch kein Problem und auch die zu erwartenden Zuwächse in den nächsten Jahren sind es nicht. Eher ist schon problematisch, wenn ein Kind heutzutage völlig fernsehfrei aufwächst, weil seine Eltern es gut meinen. Sie bewirken damit aber, dass ihr Kind dann Informationsdefizite hat, dass es leicht Außenseiter in seiner Mitschüler- und Spielgruppe wird, weil es nicht mitreden kann, und weil es sich bei jeder sich bietenden Gelegenheit (wenn es einmal bei einem Freund übernachtet) selbst nachreicht, was es nie durfte, nämlich stundenlang auch mitten in der Nacht schreckliche Porno-, Action- und Horrorfilme zu sehen.

Ein multimedial ausgestattetes Kinderzimmer hat nicht nur Nachteile; es birgt auf dem Weg des Umbaus von unserer bisherigen Wissensgesellschaft zur künftigen Kommunikations- und Informationsgesellschaft auch Chancen, Informatikkompetenzen, andere Hirnvernetzungen (im Sinne der Fähigkeit zum vernetzenden Denken) mit Überblicks-, Transfer- und Erkundungskompetenzen sowie Reaktionsschnelligkeit, Flexibilität und eine Kultur des Fehlermachens (Fehler sind nicht strafwürdig, sondern unentbehrliche Umwege auf dem Weg zu erwünschten Zielen) aufzubauen.

Zwar wachsen Kinder, die Bildschirmerlebnisse überdosiert hatten, oft mit einem Mangel an Bewegung, mit einem Mangel an Zuhörenkönnen gegenüber dem gesprochenen Wort und einem Übermaß an konsumierender Passivität sowie einem Mangel an Handlungskompetenz auf, aber sie können Filme auch vom Bild allein her verstehen, sie können eine Haupthandlung und drei Nebenhandlungen in den Ecken des Bildes, das rasch wechselt und mal farbig, mal schwarz-weiß ist, auch dann noch erfassen, wenn wir Erwachsene davon bereits Kopfschmerzen kriegen, und sie vermögen auch ohne Abitur und Studium in kurzer Zeit einen Computer besser zu beherrschen als ihre akademisch gebildeten Eltern.

Es gilt also, den Aufenthalt vor dem Bildschirm aktiv erzieherisch zu begleiten, nicht den totalen Verzicht zu predigen. Denn Fernsehgeräte und Computer gehören heute in unsere Welt wie Telefone, Glühbirnen und Kraftfahrzeuge. Auf die richtige Dosierung kommt es an:

› Kinder von null bis drei Jahren sollten nie vor dem Bildschirm sitzen, weil er ihren Augen und – solange Bildschirme noch strahlen – ihren Brustdrüsen nicht gut tut.

› Vier- und Fünfjährige sollten bis zu 20 Minuten täglich vor dem Bildschirm sitzen dürfen, um die »Sesamstraße«, »Löwenzahn«, die »Sendung mit der Maus« oder die »Teletubbies« sehen zu können.

> Sechs- bis Achtjährige können bis zu einer halben Stunde sowohl zu Hause als auch in der Schule vor dem Fernseher und dem Computer hocken.

> Vom neunten Lebensjahr darf es bis zu einer Stunde pro Tag sowohl in der Schule als auch zu Hause sein

> und vom 15. Lebensjahr an bis zu zwei Stunden täglich sowohl zu Hause als auch vor Computer samt Internet in der Schule.

Als Faustregel gilt: Jeder junge Mensch muss sich täglich zumindest so viel bewegen, wie er vor dem Bildschirm sitzt. Wer zwei Stunden am Computer arbeitet und spielt und danach zwei Stunden Kick- oder Skateboard fährt, hat wahrscheinlich wieder eine ausgeglichene Bilanz in Bezug auf seine körperlichen Bedürfnisse.

Bei Vier- und Fünfjährigen sollten Eltern und Kindergärtnerinnen immer dabei sein, wenn sie fernsehen oder am Computer etwas spielen. Bei Sechs- bis Achtjährigen müssen Eltern stets kontrollieren, was die Kinder sehen und spielen. Und vom neunten Lebensjahr an sollten sie wissen, was die Kinder sehen und spielen, jedenfalls bis etwa zum 13. Lebensjahr. Danach wollen Jugendliche nicht mehr kontrolliert sein; sie können dann ohnehin so sehen und spielen, dass die Eltern es nicht mehr mitbekommen.

Grundsätzlich gilt: Alles, was Kinder bis zum 13. Lebensjahr sehen und spielen, muss ausgewählt, zeitlich dosiert und mit Gespräch begleitet werden, und dann ist es eher nützlich als schädlich.

Kinder, die »gut« erzogen worden sind, bei denen die Eltern von allem, was die kindlichen Grundbedürfnisse anbelangt, stets die sinnvolle mittlere Dosierung trafen, sind nicht so stark durch Gewalt in den Medien gefährdet. Diese gefährdet Kinder nur dann, wenn sie noch zu jung oder von sehr geringer Intelligenz sind, wenn sie überdosiert viel konsumieren und wenn sie nicht durch Gespräche in eine kritische Distanz zum Gesehenen und den damit verbundenen Ängsten und Verführungen gebracht werden.

Reife und sehr intelligente Kinder orientieren sich mehr als unreife und gering begabte an der Erwachsenenwelt, also auch an den Normen und Werten ihrer Eltern. Sie sind durch eine ordentliche Erziehung geimpft gegen Bildschirmgewalt, und sie wissen zugleich, dass das, was sie gerade sehen – und sei es noch so schrecklich –, nur ein Film oder nur ein Spiel, nicht aber die Realität ist. Kleine und schwach begabte Kinder glauben aber oft, dass das Gesehene und Gespielte die Wirklichkeit sei, und das verleitet oft zum Nachahmen.

Kinder, die sich nicht an ihren Eltern orientieren können, weil diese zu schwach, zu streng, zu inkonsequent oder selbst zu gewalttätig sind, suchen stattdessen mehr Orientierung bei Gleichaltrigen. Wer zu wenig Halt bei seinen Eltern findet, ist also stark durch Fernsehgewalt und durch Gewalttrends seiner Freunde und Kumpels im Sinne von Modelllernen gefährdet; wer hingegen einen starken Halt bei seinen Eltern findet, ist kaum durch Medien negativ beeinflussbar.

Wer zu viel fernsieht, erlebt nur wenig Korrektur seines Weltbildes durch das wirkliche Leben. Und wer in einem tristen und langweiligen Kaff aufwächst, in dem sich nichts Besonderes ereignet, außer dass alle zwei Wochen irgendwo in einem Nachbarort eine Disco angeboten wird, der spürt, wenn er zugleich täglich stundenlang action-reiche, farbige Filme konsumiert, dass seine Welt in zwei Teile auseinander fällt, nämlich in die trostlose graue ärmliche Alltagswelt vor Ort und in die illusionäre ferne Traumwelt. Wenn er dann die gewaltige Überbrückungsleistung zwischen diesen beiden Teilen nicht zustande bringt, dann kann es sein, dass er an dieser Schizophrenie zerbricht und mit Aggressionen zu überwinden sucht, was ihm unter anderem wegen einer fehlenden schulischen Medienerziehung an Überbrückung nicht mehr möglich ist. Bei den jugendlichen Tätern aus einem kleinen Dorf im Kreis Herzogtum Lauenburg war das so. Sie suchten ein Ventil und zündeten ein von Türken bewohntes Haus in Mölln an. Die schrecklichen Folgen für die Bewohner – der Tod und lebenslange Traumata – sind bekannt.

# SIND DIE GLEICHALTRIGEN SCHULD AN DER GEWALT?

— *Erzieherisch gestärkte und in die Normen ihrer Familie gut eingebundene Kinder geraten selten in den Sog von Gewalt.*

— *Mit den Wölfen heult man anders als allein: Für viele junge Menschen ist die Geborgenheit gebende Einbettung in eine gewalttätige Jugendgruppe wichtig, auch wenn sie eigentlich Gewalt ablehnen.*

— *Zum Glück bauen manche Jugendliche schon dann ihre Aggressionen ab, wenn sie Gewalt sehen: Gewalt kann anstecken oder auch im Sinne eines »Blitzableiters« läutern.*

— *Wenn Jugendliche mit der Liebenswürdigkeit ihrer Feinde und Opfer konfrontiert werden, schwindet oft ihr Hass.*

— *Kleine Kinder in multikulturellen Spielgruppen sind nicht fremdenfeindlich; sie werden es erst durch Erwachsene. Durch den Täter-Opfer-Ausgleich kann die Fremdenfeindlichkeit wieder abgebaut werden.*

Mit den Gewalteinflüssen durch Gleichaltrige ist es wie mit der Bildschirmgewalt: Erzieherisch gestärkte Kinder sind weniger anfällig als erzieherisch vernachlässigte. In diesem Zusammenhang kommt die Katharsis-Hypothese zum Tragen. Sie besagt, dass man durch Gewalterlebnisse auch geläutert werden kann; man sieht, wie man es auf keinen Fall machen darf; gewaltreiches Verhalten schreckt ab, weil man in seiner Familie genügend positive Verhaltensalternativen gelernt hat, mit denen gewaltreiches Handeln nicht erforderlich wird. Man kann auf diese Weise sogar über das bloße Anschauen von Gewalt Aggressionen abbauen, etwa unter dem Motto: »Ich hatte zwar einen schlechten Tag, aber den Tätern und Opfern von Gewalt geht es ja noch weitaus schlechter als mir; ein Glück, dass mir so etwas erspart geblieben ist und hoffentlich auch erspart bleibt.« Mit einer derartigen Einstellung schreckt Gewalt eher ab, als dass sie abfärbt.

An sich sind Kinder und vor allem Jugendliche jedoch gefährdet, mittels Modelllernen stärker von Gleichaltrigen als von Erwachsenen beeinflusst zu werden. Sie werden rasch Opfer von Trends im Freundeskreis, sie gucken sich leicht Verhaltensweisen von ihren Altersgenossen ab und geraten dann auch in den Sog von modischen Strömungen, von aktuellem Musikgeschmack, von Verbalgewalt, von Ausländerfeindlichkeit, von Drogenmissbrauch und von zuschlagender sowie zerstörender Gewalt.

Gewalt steckt an, sie ist verführerisch, zumal wenn sie als Mittel von Anerkennung, Rangordnungsaufstieg, Freizeitbeschäftigung und als Mutprobe im Sinne von Aufnahmeritualen in Geborgenheit und Sinnerfüllung bietenden Jugendkultnischen ein hohes Ansehen genießt und wenn sie mit dem Reiz, das Verbotene zu tun, bzw. mit einer Art von Abenteuerlust, die die Gewalt zum Faszinosum mit erotisierendem Aspekt missraten lassen kann, verknüpft ist.

Ein einzelner Jugendlicher muss schon entweder sehr ängstlich oder sehr stark sein, um in einer Gruppe einen herumgereichten Joint als einziger an sich vorbeigehen zu lassen, und er muss schon sehr innengelenkt und selbstbewusst sein, wenn er nicht das »Nigger-Jagen«, das »Schwule-Klatschen« und das Fans-Verprügeln seiner versammelten Kumpels mitmachen will, denn »mit den Wölfen heult man anders als allein«.

Eine Studie der Universität Potsdam über Skinheads, Neonazis und Hooligans in Brandenburg hat ergeben, dass die meisten jugendlichen Straftäter der rechtsradikalen Szene für sich allein ablehnen, was sie im Gruppenzwang und -rausch dennoch mitmachen. Sie sind zwar gegen Gewalt, ihnen ist jedoch die Geborgenheit, Solidarität und Freizeitsinn bietende familienersetzende Nische wichtiger, als dass sie Zuschlagen, Zerstören und andere gewaltreiche Aktionen gegen die Feindbilder ihrer Wir-Gruppe ablehnen und nicht mitmachen. Und wenn sie sehr lange dabei sind, gewöhnen sie sich sogar an die Gewalt, beginnen sie zu bagatellisieren und schließlich auch zu rechtfertigen. Sie können im Laufe der Zeit von anfänglich verführten Mitläufern auch zu überzeugten Ideologieträgern werden, also zur neuen Vorhut der nächsten Mitläufergeneration: Gewalt steckt an, an Gewalt kann man sich gewöhnen, Gewalt überzeugt erst auf Dauer. Aber Gewalt ist selbst dann noch überbrückbar, und zwar am effektivsten, wenn sie von anderen ehemaligen, aber gleichaltrigen Tätern verpönt wird. Wenn jugendliche Mehrfachgewalttäter mit den Folgen ihrer Taten durch andere Ex-Täter massiv konfrontiert werden, wenn sie zur Kenntnis nehmen müssen, dass sie die Taten aus Feigheit und aus innerer Schwäche heraus begangen haben, dann beginnt eventuell auch ihre Läuterung, weil sie an ihrer Ehre gepackt werden; dann werden sie bereit,

Verhaltensalternativen zu lernen, um fortan nicht mehr zu hassen oder zuschlagen zu müssen.

In Kiel und Rostock haben türkische Jugendliche vormals ausländerfeindliche jugendliche Straftäter aus der rechtsradikalen Szene zu einer gemeinsamen Reise in die Türkei eingeladen. Dort haben sie nicht nur ein wunderschönes Land erlebt, sondern sind sie auch von den Dorfbewohnern mit herzlicher Gastfreundschaft empfangen worden, so dass 90 Prozent der zuvor fremdenfeindlichen deutschen Mitreisenden nach Abschluss der Fahrt von ihrer Ausländerfeindlichkeit vollends kuriert waren, sich sogar zu Türken-Freunden wandelten, während leider etwa zehn Prozent der mitgereisten Deutschen in ihren Vorurteilen bestärkt wurden. Für diese Gruppe war die Reise offenbar zu kurz, dieser harte Kern hätte möglicherweise drei Jahre in Anatolien leben müssen, um den dort wohnenden Menschen schließlich auch Positives abgewinnen zu können, oder die Konfrontation hätte wesentlich massiver ausfallen müssen, also beispielsweise dadurch, dass ihnen in einer völlig ausweglosen Lage ein Türke ihr Leben rettet oder dass sie sich in Istanbul in ein türkisches Mädchen verlieben. Wer nämlich die vormaligen Opfer ausreichend kennen lernt, verlernt es, sie zu hassen.

Wir nennen diese Methode Täter-Opfer-Ausgleich. Kleine Kinder, die in multikulturellen Spielgruppen und Klassen aufwachsen, werden daher eigentlich nie ausländerfeindlich, es sei denn, man vernachlässigt die Lehre von den sinnvollen Größen, mit der der Anteil der Ausländerkinder in deutschen Kindergartengruppen und Schulklassen ein Drittel nicht übersteigen sollte, weil Überdosierung zum Umkippen der Stimmung führen kann. Bei multikulturell zusammen gesetzten Klassen internationaler Schulen (z. B. mit 26 Schülern aus 13 Nationen) muss man darauf jedoch nicht achten, weil sie eben von Anfang an nicht als deutsche Schulklassen gemeint sind und weil keine Untergruppe aufgrund ihrer geringen Größe dominieren kann.

# Gewalt als Folge von gesellschaftlichem Wandel und von Politik

— *Alte Leute sind oft durch frühere totalitäre oder hochautoritäre Gesellschafts- und Erziehungssysteme schwer traumatisierte Menschen, die ein gestörtes Verhältnis zur Macht haben.*

— *Erst Politiker, die in unserer Demokratie groß geworden sind, sind in der Lage, verantwortungsbewusst mit Macht umzugehen. In dem Maße, wie sie zu überzeugen vermögen, können sie Vertrauen in die Politik bei jungen Menschen zurückgewinnen und Gewaltmissbrauch eindämmen helfen.*

— *Die Parteispendenaffären sollten jungen Menschen als notwendiger Selbstreinigungsprozess unserer Demokratie vermittelt werden.*

Vor zehn Jahren sprachen wir von der Politik- oder Politikerverdrossenheit, insbesondere bei den jungen Menschen unserer Gesellschaft. Unlängst beging eben diese Gesellschaft den 50. Geburtstag ihres Grundgesetzes, in dem es um Demokratie, Meinungs- und Wertevielfalt, aber auch um Rechtssicherheit und Pressefreiheit geht. Und jetzt stehen die Politiker, die für den Aufbau der Demokratie und der Rechtssicherheit verantwortlich waren, affärenbeladen und gläsern da – nicht alle, aber viele, zu Recht oder zu Unrecht.

Zwar sind die Politiker und die Parteien bemüht, Skandale so zu vergleichen, dass aus ihrer Sicht die »Verhältnismäßigkeit« zwischen groß und klein, zwischen kriminell und »nicht strafbewehrt«, zwischen sich persönlich bereichernd und »der Partei dienend«, zwischen »historisch verdienstvoll« und »Fehlermachen« sowie zwischen Millionen- und Tausenderbeträgen sichtbar wird; aber für den »kleinen Mann auf der Straße« und vor allem für die jungen Menschen sieht das, was »die da oben« tun, völlig anders aus:

› Für den vielzitierten Taxifahrer, der viele Stunden fahren muss, um 80 Mark zu verdienen, sind 100.000 Mark ebenso unerreichbar viel »Bimbes« wie 18 Millionen Mark. Deshalb neigt er wie auch die Mehrheit der jungen Menschen nicht dazu, zwischen den Machenschaften der verschiedenen Parteien wertend zu differenzieren.

> Besonders krass reagieren Jugendliche auf Parteispenden- und Politikeraffären. Ihre vielbeklagte Politikverdrossenheit ist geradezu in eine totale Politikablehnung umgeschlagen; sie wollen von der ganzen Thematik nichts mehr wissen, und sie sind in schulischen Unterrichtsgesprächen eigentlich nur noch zu kurzen groben Verurteilungen bereit, aber keineswegs mehr zu differenzierenden Aufarbeitungen, wie ihre Lehrer beklagen. »Spende« ist für einige von ihnen fast zu einem Wort mit negativem Beigeschmack geworden, die »rückhaltlose Aufklärung« der Medien zappen sie weg, um lieber konkrete Sorgen anderer bei »Big Brother« oder in »Schmuddel-Talkshows« zu konsumieren; und »Vorbilder« suchen sie nicht mehr wie noch vor 40 Jahren in der Politik, sondern nur noch in ihrem unmittelbaren Umfeld und ganz selten in der Musik- und Sportszenerie oder bei »anfassbaren« TV-Stars.

> Eltern, Lehrer, Sozialpädagogen und bemühte erwachsene Verwandte, die mit 14- bis 20-Jährigen die Politikeraffären konstruktiv aufarbeiten wollen, stellen fest, dass die jungen Menschen gar nicht so lange aufmerksam zuhören und konzentriert sind, wie es erforderlich ist, um das nebulöse Gemisch aus Korruption, fingierten Vermächtnissen, Einfluss und Macht, Proporz und Solidarität, Lügen und Ehrenworten, Männerfreundschaften, Seilschaften, Küchenkabinetten, Waffenhändlern, Parteispendengesetz, Finanzjongleuren und speziellen »Systemen« aufzuklären und stimmig in ihr Weltbild einzubauen.

> Jugendliche fragen, wenn sie spüren, dass krisengeschüttelte Politiker an ihren Ämtern kleben bleiben und ihre Probleme aussitzen wollen, ob es denn keine unbelasteten Menschen gebe, die die Aufgaben übernehmen könnten.

> Junge Menschen sind, wie aktuelle Umfragen zeigen, kaum noch bereit, sich in politischen Parteien zu engagieren.

Aber so schlimm die Affären und ihre Auswirkungen auch erscheinen mögen, sie haben dennoch eine positive Seite, die Eltern ihren Kindern relativ einfach vermitteln können und die aufzunehmen sie auch bereit sind, wie Lehrer berichten:

Bei vielen der in die dubiosen Geschäfte verwickelten Menschen handelt es sich um im Krieg oder in der Nachkriegszeit erzogene und traumatisierte Männer, die einerseits die demokratische Entwicklung unserer Gesellschaft befördert haben und andererseits gewaltige Demokratiedefizite in ihrem Weltbild, in ihren Einstellungen und in ihrem Handeln seit ihrer Kindheit mit sich tragen. Sie gebärden sich als Patrone oder Patriarchen, sie haben sich an Macht und Machtmissbrauch gewöhnt, sie haben aber nicht verhindern können, dass sie dennoch von der von ihnen beförderten Demokratie und ihren Organen, zu denen ja auch die Presse gehört, eingeholt und überholt wurden.

Der Selbstreinigungsprozess unserer demokratischen Gesellschaft war längst überfällig, und jetzt findet er sogar bis zu dem Vorwurf hin statt, dass die Medien viel zu spät damit begonnen hätten, Licht in ein Dunkel zu bringen, das Anfang der 90er Jahre schon einmal kurz aufgehellt wurde, als die Zeit dafür offenbar noch nicht so richtig reif war.

Noch fühlen sich einige Täter in den Parteispendenaffären der letzten Jahre wie Helmut Kohl, Manfred Kanther und Heinz Schleusser als »Treibjagdopfer«; und junge Menschen erstaunt dabei der Mangel an Unrechtsbewusstsein sowie der Überschuss an Selbstrechtfertigungsstrategien und Verdrängungs- und Vergessenskünsten. Aber in dem Maße, wie alte durch junge und mit unserem Grundgesetz erzogene Politiker ausgetauscht werden und wie die nicht nach Zustimmung fragenden autoritären Erziehungsweisen zunehmend durch autoritative Führungsstile, die stets um Begründung und Zustimmung bemüht sind, ersetzt werden, bekommen wir wohl auch »bessere« Politiker. Vielleicht können sie dann wieder Vorbilder für unsere Jugend sein, obwohl sie ebenfalls – oder auch weil sie – nur »normale« Menschen sind. Hoffen wir also um unserer Jugend und der Zukunft unserer Demokratie willen auf einen rascheren Generationswechsel mit »Neuanfang« in der Politik!

## GEWALT DURCH DAS SYSTEM SCHULE

- *Schule ist in vielen Aspekten nicht zeitgemäß; sie begünstigt als selbst gewalttätiges System Schülergewalt.*
- *Die Zufälligkeit des Vorhandenseins günstiger oder ungünstiger Lehrerpersönlichkeiten lässt aus Förderungsprozessen oder Versagenserlebnissen schicksalhafte Weichenstellungen werden.*

- *Die Schule von heute ist ungerecht; sie produziert völlig unnötig Niederlagen, die sich gewaltfördernd auswirken können.*
- *Schule muss nicht in erster Linie äußere Maßnahmen gegen Gewaltsymptome durchexerzieren; sie sollte die innere Stärkung des Schülers auf dem Weg in die Demokratie und in die Zukunft vorantreiben.*
- *Schule schneidet mit Fehlprognosen zu viele Bildungspotenziale ab, statt jeden Schüler seinen Möglichkeiten entsprechend optimal zu fördern.*

Niemand wird Gewalttäter, wenn er nicht zuvor selbst Opfer von Gewalt war. Die deutschen Schulen leiden nicht nur unter Schülergewalt, sie sind als System auch selbst gewalttätig. Die strukturelle Gewalt der Schule ist eine Mitursache für die vielen Gewaltdelikte auf dem Schulweg, im Schulbus, auf dem Schulhof und in den Fluren und Räumen innerhalb der Schule.

Es zeugt von mangelndem Problembewusstsein, wenn wir einerseits gewalttätige Schüler und ihren Besitz von Waffen beklagen und in schulische Gewaltprävention investieren und andererseits so tun, als würde es die Systemgewalt der Schule nicht geben. Viele Politiker, die Jugendgewalt beklagen, wollen die Schüler handzahm in das vorhandene Schulsystem einpassen, die Schule selbst aber unverändert lassen.

Der amerikanische Präsident Bill Clinton hat im April 2000 120 Millionen Dollar zur Verfügung gestellt, um die Gewalt an Schulen zu bekämpfen. Mit 40 Millionen sollen vorbeugende Maßnahmen an 23 US-Schulen finanziert werden, mit 60 Millionen der Einsatz von Schulpolizisten in 200 Kommunen, und 20 Millionen Dollar sind für Beratungsarbeit in Grundschulen bestimmt. So kuriert man an Symptomen, so will man junge Menschen an Systemmängel anpassen. Besser wäre es gewesen, mit diesem Geld die Erziehungskompetenz von Eltern zu stärken und Schülern beizubringen, wie sie sich angemessen entscheiden, wehren, behaupten und durchsetzen können, ohne Aggressionen einzusetzen, ihnen Verhaltensalternativen beizubringen und sie selbstständig, konfliktfähig, teamfähig und früher mündig zu machen.

Für die Gewalt des Systems Schule stand in früheren Zeiten der Rohrstock, das In-die-Ecke-Stellen, das Vor-die-Tür-Schicken und der »blaue Brief«. Heute sind ihre strukturellen Gewaltaspekte etwas feiner eingesetzt:

› Schule ist gewalttätig, wenn sie davon ausgeht, dass alle Schüler gleich sind. Das Ideal des homogenen Lernverbandes, der frontal und lehrerzentriert beschult wird, tut so, als seien alle Schüler zu Beginn einer Stunde in einer ähnlichen Ausgangslage, also altersgleich, gleich begabt und motiviert sowie in einem nahezu identischen Erziehungs-, Gesundheits-, Ernährungs- und Bildungszustand. Da das aber nie der Fall ist, wird Schule automatisch mit ihrem dürftigen Erziehungsprogramm gewalttätig gegenüber Kindern mit häuslichen Erziehungsmängeln, ungerecht gegenüber Kindern mit neurogenen Störungen, lieblos gegenüber Kindern, die zu Hause falsch ernährt werden oder ohne Frühstück in die Schule kommen, und gewalttätig, indem sie hochbegabte und früh geförderte Schüler stets unterfordert und in ihrer Entwicklung bislang zu wenig geförderte und herausgeforderte Schüler permanent überfordert.

› Schule ist gewalttätig mit ihrem Selektionsprinzip, indem sie junge Menschen in Schubladen mit den Aufschriften Lernbehinderte, Hauptschüler, Realschüler, Gymnasiasten und in solche mit Noten von 1 bis 6 sowie Punkten von 15 bis 0 packt, indem sie Hauptschülern den Abschluss verweigert und Schüler in Fahrstühle stellt, die Leistungskursauf- und -abstieg, Versetzung und Sitzenlassen sowie Rücklaufenlassen vom Gymnasium zur Realschule und von da zur Hauptschule bedeuten. Viele solcher Entscheidungen sind falsch und daher gewalttätig: Ein Drittel der Schullaufbahnprognosen am Ende der Klasse 4 erweisen sich späterhin nach oben und unten als falsch (Hauptschulempfohlene kommen dennoch zum Abitur, Realschulempfohlene nur zum Hauptschulabschluss …), und Schullaufbahnempfehlungen am Ende der Klasse 6 sind immer noch in einem Sechstel aller Fälle, wie die spätere Entwicklung zeigt, irrig.

› Schule zeigt Gewalt durch die Zufälle einer stimmigen und unstimmigen Chemie zwischen Lehrern und Schülern. Viele Schüler scheitern, weil sie mit ihrem Lehrer nicht klar kommen; in der nächsten Klasse machen sie aber enorme Fortschritte, weil sie zufällig auf eine Lehrerpersönlichkeit treffen, die ihnen gut tut, die sie motiviert und mitreißt. Die Lehrerkonstellation einer Klasse ist Schicksal, sie birgt ein wenig von einem Lottospiel in sich, und das gilt auch für die zufällige Zusammensetzung einer Klasse, durch die man integriert und nach vorn gebracht oder zum Außenseiter mit demotivierenden Blockaden wird.

> Wenn schon Sechsjährige gegen ihre motorischen Bedürfnisse zur sitzenden Lebensweise in 45-Minuten-Takten erzogen werden, wenn Schulklassen mehr als 18 Schüler haben, wenn das Kind beim Lernen nicht nur auf den Kopf, sondern sogar nur auf dessen linke Hälfte reduziert wird und die rechte mit ihren Anteilen Emotionalität, Kreativität, Musisches, Soziales und Kommunikatives auf der Strecke bleibt, dann verletzt Schule die Würde und die Entfaltungsfähigkeit des jungen Menschen, dann ist sie gewalttätig und möglicherweise sogar grundgesetzwidrig.

> Wenn Lehrer einzelne Lieblinge haben oder immer nur diejenigen Schüler fördern, die sich oft melden, sich um die stillen Schüler aber kaum kümmern, wenn Lehrer beim Mobbing der Schüler untereinander nur weggucken, und wenn der Staat schlecht mit seinen Lehrern umgeht, weil er sie nicht zeitgemäß aus- und fortbildet und falsch einsetzt, so dass sie mit dem »Burn-out-Syndrom« nicht lange genug durchhalten, wenn er seine Fürsorgepflicht vernachlässigt, weil er Schulgebäude verfallen lässt und weil er keine langfristig sinnvolle Einstellungspolitik betreibt, so dass Lehrerkollegien »vergreisen« und es an Grundschulen kaum Männer gibt, wenn er nicht jedem Schüler zwei Bezugspersonen in Form einer Klassenlehrerin *und* eines Klassenlehrers gibt, so dass zumindest zu einer dieser beiden Bezugspersonen eine stimmige Wellenlänge herstellbar ist, wenn er Schulen und Klassen zu groß geraten lässt und mit einem übertriebenen Fachlehrer- und Kursprinzip die Geborgenheits-, Kontinuitäts- und Überschaubarkeitsbedürfnisse der jungen Menschen vernachlässigt, und wenn er den wissenschaftsorientiert vorgehenden Fachdidaktiker für wichtiger hält als den die gesamte Schülerpersönlichkeit umfassenden Lernberater, dann ist Schule eine sehr gewalttätige Einrichtung, die auch Gewalt unter Schülern schafft.

> Wenn Schüler Angst vor anderen Schülern haben, ihre deshalb besorgten Eltern die Lehrer und den Schulleiter um Hilfe bitten und diese Bitten dann bei den Pädagogen abprallen, und wenn solche Eltern gleichzeitig als schwierig und lästig eingestuft werden, dann potenziert Schule Gewalt.

Schule ist immer dann selbst gewalttätig, wenn sie einzelnen Schülern zu viele Niederlagen beschert oder immer wieder neue Versagenserlebnisse zulässt. Sie ist immer dann gewalttätig, wenn sie Schüler in die Teufelskreise der Stigmatisierung und der sich nachträglich dann erfüllenden Prophezeiungen der Lehrer treibt. Niemand ist Hauptschüler, wenn er in die Hauptschule kommt; wenn er aber drei Jahre dort war, ist er tatsächlich ein typischer Hauptschüler geworden, weil er die Außenerwartung seiner Lehrer schließlich zu seiner eigenen Erwartung hat werden lassen. Er hat sich am Ende aufgegeben und sich mit »Restbewusstsein« in die ihm zugeschriebene Rolle gefügt.

Ein weiteres Beispiel stellt ebenfalls die fragwürdigen Leistungen des Systems Schule unter Beweis: In den USA hat man einmal versuchsweise einem neuen Lehrer eine gute Schülergruppe als besonders leistungsschwach verkauft; alle Schüler wurden danach schlechter. Umgekehrt hat man einem anderen neuen Lehrer eine schwache Schülergruppe als besonders leistungsstark angedient; in der Folge wurden sämtliche Schüler dieser Gruppe besser.

Schüler mit kugelsicheren Westen in die Schule zu schicken und Waffendetektoren an den Schuleingängen zu installieren löst die durch das System Schule bedingte Gewalt jedenfalls nicht im Kern. Erst wenn Schule wieder in unsere Zeit passt, vermag sie auch weniger gewalttätig zu sein. Eltern sollten also mit allen ihnen zur Verfügung stehenden Mitteln dafür sorgen, dass die moderne Schule der Eigentümlichkeit jedes einzelnen Schülers und dem Pluralismus unserer um Mündigkeit bemühten Demokratie Rechnung trägt. Die Schule von heute muss autonom mit einer eigenen Personalhoheit, einer eigenen Budgetierung und einer Fülle von Profilbildungs- bzw. Schulprogrammen sein, die nicht mehr höher- und minderwertige sein dürfen, sondern viele andersartige nebeneinander zu sein haben. Sie muss sich als Regionalschule auf die besonderen Bedürfnisse der Nachbarschaft ihrer Schüler einstellen, und sie sollte Partizipation walten lassen, das heißt, sie muss Eltern und Schülern bei der Ausrichtung ihres Profils, bei der Einstellung ihres Personals und bei der Verwaltung ihres Budgets beteiligen. Vor allem müssen Eltern sich dafür einsetzen, dass die Schule ihrer Kinder Gewaltprävention betreibt. Sie versetzt die Schüler in die Lage, sich selbstständig, kritisch, flexibel und kooperativ entscheiden, wehren, behaupten und durchsetzen zu können, und das auch noch auf angemessene Weise. Wenn Schüler nicht mehr Untertanen in einem obrigkeitsstaatlichen System Schule sein müssen, sondern Selbstlerner auf dem Weg in ihre eigene mündige Zukunft sein dürfen, und wenn Lehrer mehr Lernberater und weniger belehrende Lebenschancenverteiler sind, dann ist Schule als System jedenfalls deutlich weniger gewalttätig, als sie es heute durchweg noch ist.

## Gewalt durch Lehrer

— *Lehrer sind heute nicht mehr so oft wie früher direkt gewalttätig. Der Rohrstock und das Schlagen kommen kaum noch vor. Aber die unterschwellige Gewalt, auf die sich Schüler nur schwer einstellen können, hat zugenommen.*
— *Lehrer können auch durch Ignorieren, durch Weggucken und durch einen Mangel an Fortbildung gewalttätig werden.*
— *Die flächendeckende zentrale Steuerung der Schulen von oben her, die Wohnortbindung der Schule zu ihren Schülern, der Beamtenstatus und ihre Deckung durch die Schulleiter machen Lehrer oft indirekt gewalttätig.*
— *Lehrer und Schulen müssen einem verstärkten Konkurrenzdruck ausgesetzt werden, damit sie besser werden.*

Im April 2000 hat der Petitionsausschuss des schleswig-holsteinischen Landtags den Antrag eines Lehrers auf Zahlung einer Gefahrenzulage wegen der vielen gewalttätigen Schüler abgelehnt. Tatsächlich existiert Schülergewalt gegen Lehrer; aber viel häufiger ist, wenn auch seltener problematisiert, die Gewalt von Lehrern gegen Schüler. Zwar gibt es den Rohrstock kaum noch und sehr selten werden Schüler von Lehrern geschlagen, aber die Lehrergewalt findet dennoch unverändert statt – zum Teil legitim, indem schlechte Noten gegeben werden, indem Versetzungen oder ein Schulabschluss verweigert werden, indem angeordnet wird, dass Versäumtes nachgearbeitet wird, indem die Sitzordnung vorgegeben wird, indem Lehrer Schülervorschläge ignorieren, indem sie mit dem Druck des Lehrplans argumentieren, zum Teil aber auch illegitim, also gegen ihr besseres Wissen, aus Unwissenheit oder auch aus Überforderung und Erschöpfung.

Gewalt durch Lehrer ereignet sich heute durchweg eher subtil und indirekt. Das sind die gängigen Formen von Lehrergewalt:

> Der Lehrer hat einzelne Lieblinge, die er bevorzugt, oder er mag Mädchen lieber als Jungen oder umgekehrt.
> Der Lehrer orientiert sich nur am Klassendurchschnitt und überfordert damit permanent die schwachen Schüler und unterfordert stets die leistungsstarken Schüler, so dass die sich langweilen und schwierig werden, vor allem aber keine Förderung erfahren.
> Der Lehrer bereitet den Schülern mehr Niederlagen als Erfolgserlebnisse.
> Der Lehrer bestraft Fehlermachen, statt Fehler als hilfreiche Umwege auf dem Weg zum Ziel zu bejahen.
> Der Lehrer erkennt nicht, dass ein Schüler Lernprobleme hat, weist daher Schuld zu und findet nicht den Schlüssel zum Fortschritt. Hyperaktive, hochbegabte, rechenschwache, lese-rechtschreibschwache, feinmotorisch gestörte, wahrnehmungsgestörte, sinnesgeschwächte und solche Schüler, die Hör-, Seh- oder Sprachprobleme haben, werden von ihm nicht richtig diagnostisch erfasst und nicht angemessen therapeutisch gefördert.
> Der Lehrer arbeitet zu oft mit Ironie, Zynismus oder Sarkasmus, er macht Schüler verächtlich und stellt sie öffentlich vor der Klasse bloß. Möglicherweise mochte er Kinder noch nie; er ist nur wegen seiner Fächer, seiner eigenen Unzulänglichkeit für andere Studiengänge oder der »kleinen Morgenstelle« mit guter Bezahlung und vielen Ferien Lehrer geworden.
> Der Lehrer findet nicht die richtige Methode, seinen Lehrstoff verständlich zu vermitteln; er kann sie nicht motivieren, er fehlt häufig, übt das Gelernte zu selten ein, bevor Arbeiten geschrieben werden, oder er möchte eine Klasse nur ein oder zwei Jahre statt vier Jahre und mit zu wenigen Fächern führen.
> Der Lehrer investiert weder ins Klassenleben noch in die Integration; er lehnt Klassenfahrten, Klassenfeste, Klassenzeitungen, häufige Elternabende mit Erziehungsgesprächen und Hausbesuche ab; er steht seinen Schülern und deren Eltern nachmittags und abends nicht zur Verfügung.
> Der Lehrer veranschaulicht seinen Unterricht nicht ausreichend; er bereitet sich

schlecht vor, verzichtet auf Demonstrations- und Schülerversuche sowie auf Filme und meidet Lehrspaziergänge, Betriebsbesichtigungen, Projektwochen und Schülerpraktika.

> Der Lehrer guckt weg, wenn Schüler gemobbt werden, er lehnt es ab, einzugreifen und eine sinnvolle Prävention gegen Gewalt zu betreiben.

> Der Lehrer nimmt die Sorgen von Eltern nicht ernst, er weist ihre hilfesuchenden Interventionen und auch ihre Kritik zurück und lässt sich im Konfliktfall durch den Schulleiter schützen, der sich vor ihn stellt.

> Der Lehrer versteht nicht genug von Gewaltprävention, er trägt deshalb zur Gewalteskalation statt zur Überwindung von Gewalt bei, und er meidet zugleich Fortbildungsveranstaltungen, die ihn diesbezüglich kompetenter machen würden. Wenn die Eltern einen Fachmann zum Thema Gewalt in die Schule einladen, geht dieser Lehrer nicht einmal hin, sondern redet sich mit Korrekturbelastungen heraus.

> Lehrer entledigen sich schwieriger, temperamentvoller, kreativer, kritischer oder bereits besonders geförderter Schüler durch Nichtversetzung, weil sie sie trotz guter Begabung als störend empfinden oder weil deren Eltern zu unbequem sind.

> Lehrer bestrafen ansonsten erwünschtes und für unsere Gesellschaft wichtiges kritisches Verhalten, das sie als »aufmüpfig« bezeichnen, mit einer schlechten Fachnote; sie stellen Schüler während des Unterrichts vor die Tür oder brummen ihnen Strafarbeiten auf, obwohl sie das nicht dürfen.

> Lehrer gebärden sich so, als sei die Schule vor allem für sie selbst da, nicht aber – wie eigentlich gemeint – vorrangig für die Schüler und ihre Eltern sowie für unsere gesamte Gesellschaft.

Immer wenn Lehrer formulieren, sie hätten »schon viele Schulreformen erlebt, aber noch keine mitgemacht«, dann sind sie in der Tendenz gewalttätige Wesen, weil sie die notwendige Veränderung des Systems Schule blockieren, weil sie damit das Unzeitgemäße der Schule zementieren. Schüler haben um ihrer Zukunft willen aber das Recht auf eine zeitgemäße Schule, zumal in einer schnelllebigen Gesellschaft, in der sich alles so rasch verändert, dass Pädagogen kaum noch Schritt halten können. Dass sie das nicht so ohne weiteres können, ist jedoch nicht der Vorwurf an sie; schlimm ist es, wenn sie aktiv bremsen, weil sie zu bequem sind, auch bei sich etwas zu ändern, wenn sie nur noch das »Licht am Ende des Tunnels« sehen, das Pensionierung oder gar Frühpensionierung heißt. Der Beamtenstatus des Lehrers hemmt insofern seine Innovationsbereitschaft, so wie die planwirtschaftliche Steuerung des Systems Schule von oben, also von der Politik und von den Ministerien her das System Schule träge macht und so wie die Bindung des Wohnortes eines Schülers zu einer konkreten ihm zugewiesenen Schule für zu wenig leistungsfördernde Konkurrenz der Schulen untereinander sorgt.

Der Beamtenstatus der Lehrer, die zentrale Steuerung der Schulen beispielsweise mit dem Zentralabitur oder mit Notenhürden am Ende der Klasse 4 vor dem Übergang auf Gymnasium und Realschule, die unzeitgemäße Lehrerbildung, die betriebswirtschaftlich gesehen unsinnige Arbeitsplatzbeschreibung für Lehrer und die vorgegebene Zuordnung von Schule und Schüler sind also Elemente von struktureller Gewalt des Systems Schule, mit der Lehrer auch zu Handlangern von Gewalt werden.

Zum Glück gibt es aber auch sehr viele sehr gute Lehrer, die diese Gefahren aktiv vereiteln, indem die sich optimal für ihre Schüler engagieren. Denn die Bereitschaft, sich autodidaktisch zu vervollkommnen, bringt ohnehin mehr positive Lehrerpersönlichkeitsanteile als die drei Phasen der Lehrerbildung zusammen.

## GEWALT VON SCHÜLERN GEGEN MITSCHÜLER UND LEHRER

- *Wenn das für Schüler abstrakte System Schule selbst gewalttätig ist, ist es nicht verwunderlich, dass Schüler sich gegen die Lehrer wehren.*
- *Schülergewalt gegen Lehrer ist meist der Endpunkt einer sehr langen Kette von Versagenserlebnissen und Niederlagen.*
- *Wenn Frust sehr lange aufgestaut wird, brechen bisweilen die Dämme von einer Sekunde zur nächsten, und dann muss oft das Feindbild Lehrer als Opfer herhalten.*
- *Gewalt gegen Mitschüler ereignet sich meist sofort, wahllos und gering dosiert,*

*die gegen Lehrer wird jedoch lange aufgestaut und dann gezielt und bis zum*
*Äußersten kulminiert eingesetzt, beispielsweise mit Hilfe einer Waffe.*

Fast ein Drittel der Schüler aus den Klassen 7 bis 13 in Bochum fühlen sich von Kamera-
den bedroht; besonders ausgeprägt ist dieses Gefühl unter Gesamtschülern. Das ist
das Ergebnis einer Studie des Kriminologen Hans-Dieter Schwind von der Ruhr-Univer-
sität, der Umfragen an allen 123 Bochumer Schulen ausgewertet hat. Stärker als Real-
schulen und Gymnasien leiden danach Grund-, Haupt- und Gesamtschulen unter prü-
gelnden Schülern. Zumeist sind es Jungen aus den Klassen 7 bis 10, die zuschlagen.
Auch Raub und Erpressung kommen vor, und durchschnittlich einmal in der Woche
schlagen Gruppen deutscher und ausländischer Schüler aufeinander ein.

Gewalt unter Schülern hat es immer gegeben. Momentan wird sie besonders aufmerksam wahrgenommen. Vor allem die Journalisten schlachten das Phänomen Schülergewalt gern aus, so dass die Kultusministerien und Schulämter sich deutschlandweit
gezwungen sehen, immer wieder »Gewaltstudien« zu erstellen. Leider sind sie fast alle
völlig wertlos,

> weil sie erstens das Aggressionspotenzial durchweg herunter spielen wollen, damit
nicht zusätzliche Kosten für Prävention entstehen,

> weil zweitens zumeist Schulleiter befragt werden, die kein Interesse daran haben,
dass ein wahres Bild über die Aggressionen an ihrer Schule entsteht, denn es würde
sich negativ auf die Anmeldezahlen für ihre Anstalt auswirken,

> weil drittens die vom Schulsystem und von der einzelnen Schule sowie ihren Lehrern
auf die Schüler ausgeübte Gewalt stets vernachlässigt wird

> und weil viertens das bedeutendste Aggressionsfeld, nämlich die gegen sich selbst
gerichtete Gewalt, die an Gymnasien die größte Rolle spielt, immer unter den Tisch
fällt.

Die bisher seriöseste Gewaltstudie wurde 1974 in Hamburg an sämtlichen Hauptschu-
len des Schulaufsichtsbezirks Altona/Elbgemeinden erstellt. Marianne Franz und Hans-
peter Schlesiger befragten über ein Jahr hinweg alle Lehrer, es wurde schonungslos offen alles, was es an Gewalt gab, zugegeben. Damit entstand ein stimmiges Bild, das im

Vergleich zu den Resultaten der heutigen Gewaltstudien den Schluss nahe legte, dass vor 20 Jahren Schülergewalt wesentlich schlimmer war als heute. Nur war damals die Zeit noch nicht reif für eine angemessene Wahrnehmung, die Öffentlichkeit interessierte sich nicht für die Ergebnisse, und der damalige Hamburger Landesschulrat Wolfgang Neckel ordnete an, die Studie unter Verschluss zu nehmen, damit kein Handlungsbedarf und damit zusätzliche Kosten entstünden.

Im Juni 1994 dann hat die Technische Universität Dresden eine Studie zur Gewalt an Schulen vorgelegt; sie fasst die »Ergebnisse einer Schulleiterbefragung zum abweichenden Verhalten an Schulen in Sachsen« zusammen. Unter Gewalt werden in ihr »beobachtbare, absichtsvolle Handlungen mit Schädigungsfolgen«, aber auch »aggressive Äußerungen« verstanden. Lediglich Schulleiter zu befragen ist allerdings nicht wirklich ausreichend; die Eingrenzung auf das bloß direkt Beobachtbare macht die Studie ziemlich wertlos; die Ausgrenzung von Autoaggressionen und von nicht absichtsvollen Handlungen lässt sie schließlich unseriös erscheinen. Was an »Unterrichtsstörungen« und »Disziplinlosigkeiten« genannt wird, ist mit 75 Prozent der größte Gewaltposten. Bedauerlicherweise macht die Studie aber den Fehler, beides den Schülern zuzuordnen, obwohl diese Begriffe in besonderer Weise die Schulsystemgewalt widerspiegeln. Schüler, die disziplinlos oder störend sind, sind oft Opfer von Lehrerverhalten, und wenn sie in der »Rangreihung« der Formen »abweichenden Verhaltens« den ersten Platz einnehmen, dann ist offensichtlich die von der Schule auf die Schüler ausgeübte Gewalt der größte Schulgewaltfaktor. Gewalt gegen Sachen und psychische Gewalt kommen übrigens in der »Rangreihung«, die wie folgt aussieht, gar nicht vor:

> Unterrichtsstörungen / Disziplinlosigkeiten: 75 Prozent,
> vulgäre Beschimpfungen: 65,9 Prozent,
> nonverbale Provokationen: 43 Prozent,
> rechtsextreme Parolen und Schmierereien: 13,5 Prozent,
> rechtsextremes Outfit: 10,7 Prozent,
> brutale Schlägereien zwischen Schülern: 10,6 Prozent,
> Tragen von Messern, Schlagringen u. ä.: 9,3 Prozent,
> Gewalt gegen Mädchen: 4,1 Prozent,

> Schutzgelderpressung: 3,2 Prozent,
> gewalttätige Auseinandersetzungen zwischen Schülergruppen: 1,8 Prozent,
> Gewalt gegen Ausländer: 1 Prozent,
> Gewalt durch Ausländer: 0,6 Prozent,
> Tragen von Schusswaffen: 0,2 Prozent

Aus mehreren dieser Kategorien könnte man den Aspekt Fremdenfeindlichkeit heraus-
nehmen und bündeln; er würde dann in der Rangreihung weit oben stehen. Offenbar
sollte also diese Kategorie heruntergespielt werden, denn die »rechtsextremen Parolen
und Schmierereien«, das »rechtsextreme Outfit« und die »Gewalt gegen Ausländer«
ergeben zusammen schon 25,2 Prozent; gewiss steckt Gewalt gegen Fremde aber auch
in den Kategorien »vulgäre Beschimpfungen«, »nonverbale Provokationen«, »brutale
Schlägereien« sowie »gewalttätige Auseinandersetzungen zwischen Schülergruppen«.

Am stärksten ist die Gewalt übrigens nach dieser Studie in Förder- und Berufsschu-
len; Täter, aber auch Opfer sind vor allem Jungen. Interessant ist, dass an einer Stelle
der Studie immerhin zugegeben wird, dass die Schulorganisation der bedeutsamste
gewaltauslösende Faktor ist (zu etwa einem Drittel) und damit vor den »familiären und
Erziehungsproblemen« liegt (zu etwa einem Viertel), gefolgt von den »sozialen Problemen« (bei weniger als einem Fünftel).

Das Schlagen, Treten, Würgen und Spucken sowie das Abpressen von Geld, Schulbrot, Klamotten und Schuhen, das Bedrohen mit Waffen, das psychoterrormäßige Ein-
schüchtern, die rassistischen Übergriffe, die sprachliche Verrohung, die Aggressionen
gegen Lehrer und das Zerstören von Gestühl, Räumen und Gebäuden, das Beschmieren
von Wänden, der Vandalismus gegenüber Kleiderhaken, Lehr- und Lernmitteln und Toi-
letten, alles das spielt etwa seit 1990 in den deutschen Schulen eine alarmierende Rolle, nachdem die Bundesregierung noch 1989 befunden hat, dass Gewalt an Schulen
»kein zentrales Thema« sei. Seit 1990 etwa fallen jedenfalls Lehrerbildung und Lehrer-
arbeitsplatzbeschreibung einerseits und die Kinder- und Jugendkulttrends andererseits
immer weiter auseinander.

Die Schule hat seitdem den Anschluss an die gesellschaftliche Entwicklung ver-
passt, die Lehrer sind überfordert, erschöpft, zu alt, resigniert und auch krank; und seit

etwa 1990 sind Schulen kein gesellschaftliches Investitionsfeld mehr, sondern vor allem Sparopfer.

Also nähern wir uns doch amerikanischen Verhältnissen, in denen sich die Zahl der erschossenen Schüler allein von 1970 bis 1990 verdoppelt hat, in denen jeder fünfte Schüler bewaffnet ist, in denen schon 1991 etwa 750 Schüler mit geladenen Handfeuerwaffen in Schulgebäuden erwischt wurden, in denen die Schüler beim Betreten ihres Lehrinstituts mit Metalldetektoren kontrolliert werden, in denen alle sechs Sekunden ein Verbrechen geschieht, in denen 90 von 100 Schülern irgendwie jederzeit Zugang zu Schusswaffen haben?

Antworten können darauf nicht vordergründig gegeben werden, ebenso wenig wie Gewalt allein mit gesetzlichen, polizeilichen oder richterlichen Mitteln eindämmbar ist. Entscheidend bleibt letztlich immer die gesamterzieherische Situation, in der Kinder und Jugendliche aufwachsen. Dazu gehören neben den Familien vor allem die Schulen, von deren Gestaltung und von deren Lehrerbildung vieles abhängt, wenn es um eine künftige gesellschaftliche Gewaltprävention geht.

Wenn Lehrer so oft unterschwellig gewalttätig gegen Schüler sind und wenn Schule immer noch versucht, mit dem am Durchschnittsschüler orientierten Ideal des homogenen Lernverbandes alle Schüler gleich zu behandeln, so dass sie alle ungleich behandelt werden, dann verwundert es nicht, dass Schüler auch zurückschlagen. Und das tun sie nicht nur gegen Mitschüler, sondern auch gegen Lehrer, unter denen sie leiden. Oder die Lehrer müssen personifiziert und konkret ausbaden, was das System Schule mit seiner strukturellen Gewalt grundsätzlich anrichtet, und das ist vor allem Frust ob viel zu vieler kleiner und großer Niederlagen, die sie einzelnen Schülern beschert. Der Tropfen höhlt dann oft sehr lange den Stein, kaum spürbar, bis er eines Tages das Fass zum Überlaufen bringt. Lange wurde der Frust aufgestaut, bis dann eines Tages das Wehr, das wir Hemmung nennen, ganz unerwartet bricht und sich der Überdruck, von der für den Schüler als abstrakt empfundenen Schule angerichtet und durch Lehrer verstärkt, konkret gegen einen einzelnen Lehrer, gegen mehrere Lehrer oder gegen Lehrer und Mitschüler gleichzeitig entlädt.

Fassungslos stehen wir immer wieder davor: Erst waren es die Schulmassaker in den USA, mit denen unter anderem Denver und die Kleinstadt Littleton traurige Berühmtheit erlangten. Dann war es in Bad Reichenhall der 16-Jährige, der – offenbar im Affekt – mit einer Waffe seines Vaters vier Menschen erschoss, dann in Meißen der 15-jährige Gymnasiast, der geplant und seinen Mitschülern angekündigt seine Geschichtslehrerin »aus Hass« mit einem Messer im Unterricht tötete, dann konnte so etwas im sächsischen Kamenz gerade noch verhindert werden, und dann wurden im niederbayerischen Metten drei 14-Jährige verhaftet, die sich Waffen besorgt hatten und erst einen Banküberfall begehen und danach ein Blutbad in ihrer Schule anrichten wollten. Mit dem Ausstrahlungseffekt, den solche spektakulären Ereignisse leider haben, müssen wir im Sinne von Imitations- bzw. Modelllernen in nächster Zeit mit weiteren »Trittbrettfahrern« rechnen.

Auffällig ist, dass Sachsen und Bayern überproportional von gewalttätigen Vorfällen an Schulen betroffen sind. Es handelt sich hier um zwei Bundesländer mit einer rigide herrschenden Belehrungs- und Selektionsschule, die Noten überbewertet und die emotionalen, sozialen, kommunikativen, musischen und kreativen Dimensionen vernachlässigt, die die familienergänzende Erziehungsfunktion noch nicht hinreichend angenommen hat und die noch nicht verstanden hat, dass unsere komplexe und komplizierte Gesellschaft es erfordert, dass junge Menschen schon früh zur Konfliktfähigkeit erzogen werden. Wenn man Selektion für wichtiger als Integration hält, dann begünstigt man eine gesellschaftliche Spaltung in Gewinner und Verlierer, dann setzt man Schul- und Lehrergewalt so ein, dass Schülergewalt begünstigt wird. Wenn man Schüler wie Untertanen behandelt, dann lässt man sie unmündig, dann können sie nicht angemessen auf Probleme zugehen, dann weichen sie aus auf Gewalt, Sucht oder Krankheit, weil es ihnen an Verhaltensalternativen für kritische Situationen fehlt. Und das ist dann das, was Bundespräsident Johannes Rau »Demokratiedefizite« nennt, die er für die Zunahme an Rechtsextremismus und die Neigung zu Hass und Gewalt verantwortlich macht. Es geht aber zugleich um Weltbild- bzw. Orientierungsdefizite, wenn wir die große Naivität bzw. auch Dummheit zur Kenntnis nehmen, mit der »Todeslisten«, wie in Radeberg bei Dresden, von fünf 13- bis 15-Jährigen erstellt oder das Blutbad in Metten geplant werden.

Wie bereits ausgeführt, ist es nie nur *eine* Ursache, mit der wir spektakuläre Gewalttaten erklären können. Außerdem sind es Einzelfälle, die nie und nimmer zu dem allgemeinen »Zustand der deutschen Jugend« hochgerechnet werden dürfen. Allerdings handelt es sich dennoch um »Eisbergspitzen«, die auf eine Reihe von Unzulänglichkeiten in der Erziehungs- und Bildungssituation unserer Gesellschaft hindeuten:

> Wenn die bayerische Schulministerin Monika Hohlmeier meint, man müsse mit dem Einsatz von Schulpsychologen in Problemschulen und mit deutlicheren Sanktionen auf Ereignisse wie in Metten reagieren, dann liegt sie falsch. Sie will reparieren, wenn es zu spät ist. Stattdessen muss mit einem »Frühwarnsystem« in Kindergärten und Grundschulen rechtzeitig sich dann schon andeutenden Verhaltensschwierigkeiten vorgebeugt werden, unter anderem mit »Spielregeln des Zusammenlebens«, die von den Kindern selbst erarbeitet und immer dann von ihnen reformiert werden, wenn sie sich nicht oder nicht mehr bewähren.

> Wir brauchen eine »aufsuchende« bzw. »zugehende« Pädagogik, mit der die Erziehungskompetenz der Eltern gestärkt wird. »Elternschaft lernen« nennt man das in Schleswig-Holstein. Kindergärtnerinnen, Lehrer, Schulpsychologen, Kinderärzte, Sozialarbeiter und Polizisten bilden dabei ein Netzwerk vor Ort, mit dem Eltern die Gelegenheit gegeben wird, Erziehung durch das Reden über Erziehung besser zu verstehen.

> Wir brauchen eine andere Lehrerbildung, mit der Lehrer auch für die neuen Funktionen von Schule gestärkt werden, also für Ernährung, Bewegung, Spiel, Muße, Prävention, Elternarbeit, Gewalt- und Suchtprävention sowie für den Aufbau von Schlüsselqualifikationen wie Selbstständigkeit, Erkundungs- und Handlungskompetenz, Konfliktfähigkeit, Kreativität, Flexibilität und Teamfähigkeit.

> Wir brauchen eine andere Arbeitsplatzbeschreibung für Lehrer, mit der Erziehungsaufgaben gleichwertig neben Bildungsaufgaben gestellt werden, weil die herkömmlich bewährte Arbeitsteilung, mit der die Familie erzieht und die Schule bildet, bei immer mehr Kindern nicht mehr funktioniert.

›  Von der Lübecker Domschule können wir lernen, dass Gewalt deutlich abnimmt, wenn Mobbing und Schülerkonflikte aus gegebenen Anlässen heraus als Rollenspiele noch einmal veranschaulicht werden und wenn dann differenziert nach Tätern, Opfern und Zuschauern gefragt wird: »Was hätte man stattdessen tun können?« Die vorgeschlagenen Verhaltensalternativen werden sodann von den Schülern bewertet und vorgespielt. Wenn man so etwas täglich schon ab Klasse 1 tut, lernen die Täter, ihre Aggressionen auch anders zu kanalisieren, die Opfer, sich zu wehren, zu behaupten und angemessen durchzusetzen, und die Zuschauer werden zu »Konfliktlotsen« bzw. »Streitschlichtern« fortgebildet. Mit einzelnen besonders schwierigen Jugendlichen Verträge abzuschließen, wirkt ebenfalls, weil junge Menschen sich akzeptiert fühlen, wenn man ihnen zutraut, die Verträge auch einzuhalten.

›  Von der Schule für Erziehungsschwierige im niedersächsischen Bad Bentheim können wir lernen, dass die bisherige Verständnispädagogik um eine Konfrontationspädagogik ergänzt werden muss: Die Täter werden von Gleichaltrigen und Lehrern mit ihrer Tat deutlich konfrontiert, und zwar sofort. Wer einen anderen tritt, muss den Schuh, mit dem er getreten hat, für den gesamten Schulvormittag abgeben; Täter und Opfer werden angehört, ernst genommen, und der Konflikt wird noch am selben Tag restlos geklärt, mit Entschuldigung, mit Vereinbarung, mit Wiedergutmachung und mit dem Versprechen des Täters sich selbst gegenüber. Funktionieren kann das aber nur mit einem Konsens im Lehrerkollegium und indem die Täter mehr von Gleichaltrigen als von Erwachsenen mit ihrer Tat konfrontiert werden und wenn die Täter direkt die Folgen ihrer Tat miterleben, also zu dem gebracht werden, was wir »Täter-Opfer-Ausgleich« nennen.

›  Gewalt ist vor allem ein Jungen- und ein Versagerproblem. 90 Prozent der schlimmen Delikte werden von männlichen Jugendlichen begangen, die genau wissen, wie sie sich zu inszenieren und an welcher Stelle sie Tabubrüche zu begehen haben, um in die Medien zu kommen, endlich einmal Aufmerksamkeit zu erhalten und in ihrer Peer-Group aufzusteigen. Wenn sie Gewalt gegen Lehrer oder Mitschüler planen, bereiten sie Vorführungen vor, mit denen sie in die Mitte der Gesellschaft vorstoßen wollen. Dort stehen die Medien, die dafür sorgen, dass ein Verbrechen nicht mehr bloß ein Randgruppen- oder Armutsphänomen ist, sondern auch eine Möglichkeit, im Zentrum des Lebens mitzumischen, bevor man endgültig ins Abseits gerät.

Wir brauchen gegenläufig zu aktuell wieder erstarkenden früheren Männlichkeitsidealen eine Jungenpädagogik, mit der liebevolle Väterlichkeit gegen brutale Männlichkeit gesetzt wird. Die Rechnung geht aber nur dann auf, wenn wir es schaffen, die Männer in der Erziehung – also Väter, Erzieher und Lehrer – zu mehr Nähe, Emotionalität und Körperkontakt gegen ihre eigene Angst, das könne falsch verstanden werden, zu animieren, und wenn wir die innen schwachen und außen starken Jungen zu gesellschaftlich anerkannten Erfolgen, also zu Selbstwert fördernden Erfolgserlebnissen führen. Dafür wäre eine Quotenregelung bezogen auf männliche und weibliche Lehrkräfte zumindest für die Grundschulen, wenn nicht auch für die Kindergärten, außerordentlich hilfreich. Denn immer mehr Jungen wachsen ohne Väter und ohne Männer auf, und immer mehr Jungen versagen in der direkten Lernkonkurrenz mit den Mädchen: Nur noch 46 Prozent der deutschen Abiturienten sind Jungen, aber sie machen zugleich zwei Drittel der Sitzenbleiber und Rückläufer aus und etwa 70 Prozent der Schüler, die nicht einmal bis zum Hauptschulabschluss kommen.

## Gewalt fängt mit der Sprache an

- *Kinder, die in ihrer sprachlichen Entwicklung noch weit zurück sind, neigen zur Fäkalien- und zur gewaltreichen Körpersprache.*
- *Jugendsprache kommt bei Erwachsenen oft gewalttätiger an, als sie gemeint ist.*
- *Sprachgewalt hat zugenommen, auch weil Zuschlagen und Zerstören erfolgreich verpönt werden.*
- *Da Gewaltkarrieren meist mit Sprachgewalt beginnen, muss hier den Anfängen gewehrt werden.*

Viele Kinder wachsen sprachlich unterversorgt auf. Mit ihnen wird zu wenig gesprochen, ihnen wird zu wenig zugehört, und sie haben kaum Sprechanlässe, weil es ihnen an Geschwistern, an Spielkameraden oder auch an einem Elternteil fehlt und weil keine Großeltern mehr da sind oder weil diese ganz weit weg wohnen. Aber selbst wenn die Eltern mit ihnen sprechen, kann es sein, dass der Vater oder die Mutter kaum der Sprache mächtig sind, dass sie Einwortsätze, unvollständige Sätze oder gar selbst gewaltreiche Sprache bevorzugen oder dass ihre Sprache »falsches Deutsch« ist.

Kinder, die in einem solchen Sprachmilieu aufwachsen, können das, was sie aussagen wollen, eigentlich kaum zum Ausdruck bringen. Sie weichen aus, und zwar auf Mimik und Gestik, auf Schreien und Weinen, auf Trotz und auf Verweigern, also auf Körpersprache. Wenn sie damit Erfolg haben, gewöhnen sie sich an diese Körpersprache und an die Gewaltausdrücke ihrer dürftigen eigenen Sprache, auch weil sie ihr direktes Sprechverhalten aus Mangel an Anlässen auch nicht weiterentwickeln bzw. kultiviert ausbauen können.

Gewalt fängt also meist mit dem Sprechverhalten der Eltern an, sie wird dann auf das Sprechverhalten der Kinder übertragen und später auf die Körpersprache und auf Zuschlagen und Zerstören ausgedehnt.

Kinder, die einen zu geringen Wortschatz und eine unzulängliche Grammatik »drauf haben«, werden mangels Verbalkompetenz verleitet, auf nonverbales Sprechverhalten (Stottern, Poltern, Schreien, Weinen), auf Fäkaliensprache (»Scheiße«, »du Arsch«) und auf gewaltreiche Körpersprache (Zuschlagen, Zerstören) auszuweichen. Sie können eben nicht formulieren: »Was du da eben angedeutet hast, besorgt mich«; sie sagen stattdessen einfach: »Du blöde Sau«, »Wichser« oder – noch kürzer – »fuck!«. Wenn ihnen so etwas aber bei Strafe verwehrt worden ist und sie dennoch in der Sprachentwicklung so weit zurück sind, dass sie sich verbal nicht angemessen wehren und durchsetzen können, dann neigen sie dazu, körpersprachliche Gewalt als Kommunikationsmittel gegen sich selbst, also autoaggressiv einzusetzen, und das geschieht dann oft in Form von Bettnässen, Nägelkauen oder auch Asthma.

Eine Untersuchung, die Achtklässler der Hamburger Gesamtschule Bergedorf angestellt haben, kommt zu dem Schluss, dass Schimpfwörter, die Schüler untereinander und gegeneinander, aber auch bei Selbstgesprächen gegen sich selbst einsetzen, immer deftiger, also immer gewaltreicher werden. »Ziege« oder »Schwachkopf« sagt kaum noch jemand; »Arschficker« oder »Mösenstecher« gelten mittlerweile als harmlos; sie sprechen von »Gehwegpanzer« (dickes Mädchen), von »Facho-Torte« (Freundin eines Neonazis), von »Fischkopf« oder »Karpfenfresse« (hässlicher Mensch), von »Super-Spasti« (unbeholfener Mensch), von »abkacken« (abreagieren), von »Nigger jagen«, »Asys klatschen« und »Schwule ticken« (Ausländer, Asylbewerber und Homosexuelle niedermachen).

88 Prozent der Fünftklässler geben an, dass sie täglich mit krassen Schimpfwörtern bedacht werden, 61 Prozent aller Sechstklässler sind bereits verbal drastisch oder sexuell am Telefon belästigt worden, und 15 Prozent sind schon direkt in der Schule sexuell angemacht worden, was auch eine Form von sprachlicher oder körpersprachlicher Gewalt ist.

Was an der Jugendsprache auf Erwachsene wie Gewalt wirkt, ist übrigens von den Jugendlichen selbst oft gar nicht so gewalttätig gemeint, und sie empfinden es untereinander auch nicht als so gewalttätig. Sie wollen sich mit einer eigenen Sprache von den Erwachsenen abgrenzen, sie wollen mit ihr etwas Eigenes haben, das nur ihnen gehört und mit dem sie sich untereinander identifizieren können. Sprachgewalt ist bei ihnen vielfach gar nicht todernst gemeint, sondern hat nur die Funktion des »Stimmfühlungslautes«, den Verhaltensphysiologen wie Konrad Lorenz für ziehende Gänse oder Schwäne übersetzen mit: »Hier bin ich; wo bist du?«

Wenn der Enkel zu seiner Oma sagt »Du siehst echt geil aus«, kann es sein, dass die alte Dame pikiert oder gar geschockt ist ob dieser Wortwahl, die in ihrer Jugend etwas ganz anderes zum Ausdruck gebracht hat (nämlich so viel wie sexuell aufreizend oder sexuell erregt). Für junge Menschen heute bedeutet »geil« aber nichts anderes als »prima« und »oberaffengeil« so etwas wie »super«. »Es bockt« eben, mit »derben« Sprüchen zu »checken«, ob man »hipp« oder als »total krass« gilt. Sollen die »Grufties« doch »labern«; Jugendsprache muss eben »heftig« sein, weil sie »genial« ist, »voll die Härte gibt«, auf die »coole« junge Menschen und erst recht kleine »Machos« »abfahren«, und weil sie »Connections« schafft und für »Respekt« sorgt.

Aber auch wenn Jugendsprache oft von den jungen Menschen selbst nicht als gewalttätig empfunden wird, beginnt mit ihr in vielen Fällen eine Gewaltkarriere.

Erwachsene tun jungen Menschen deshalb keinen Gefallen, wenn sie sich ihnen mit Jugendsprache oder gar mit Fäkaliensprache anzubiedern versuchen. Denn erstens wollen junge Menschen diese Anbiederung gar nicht, weil sie ihnen ihre eigene Welt raubt, mit der Folge, dass sie sich in immer abwegigere Nischen zurückziehen müssen, in die ihnen die Erwachsenen hoffentlich nicht mehr folgen. Zweitens werden Jugendliche mit der Anbiederung der Erwachsenen durch jugendspezifische Sprachgewalt nur ermuntert, noch gewalttätiger zu werden, so dass die »Spirale der Gewalt« im Sinne einer Gewaltkarriere geradezu unterstützend hochgeschraubt wird. Und drittens nützt man jungen Menschen auf ihrem Weg in ihre Zukunft und in die Erwachsenenwelt am besten mit sprachlich vorbildlichem Verhalten, weil sie dann Modelle für ihre positive Weiterentwicklung haben, weil sie sprachlich herausgefordert werden und lernen, statt mit verbaler und körpersprachlicher Gewalt argumentativ angemessen ihre Probleme lösen zu können, und weil sich ihre Chancen bei der Suche nach einem Ausbildungsplatz und in ihrem weiteren beruflichen sowie privaten Werdegang deutlich verbessern. Wer auch ohne Sprachgewalt klar kommt, vermag taktisch geschickter und damit auch erfolgreicher zu sein, übrigens auch bei der Suche nach Freunden und Lebenspartnern.

## WARUM MOBBING? – DIE GEWALT DER STICHELEIEN

- *Wenn Mädchen von Jungen »gegretelt« werden und wenn Jungen von Mädchen »gehänselt« werden, ist das Leiden meist größer als bei Sticheleien unter Gleichgeschlechtlichen.*
- *Mobbing richtet sich nicht so sehr gegen den Körper des Opfers, sondern besonders gegen seine Seele.*
- *Mobbing will niedermachen, damit sich der Täter im Ansehen der Gleichaltrigen aufrichten kann.*
- *Mädchen und Gymnasiasten neigen mehr zum Mobbing als Jungen und Hauptschüler.*

- *Junge Menschen halten Mobbing für »intelligenter« als Zuschlagen und Zerstören, also für »höherwertig«, obwohl die Traumata bei den Opfern tiefer sitzen und langanhaltender wirken können.*
- *Lehrer gucken bei Mobbing oft weg.*

Neben den groben Formen der Gewalt wie Zuschlagen und Zerstören gibt es auch die feinen und langanhaltenden, also verheerender wirkenden.

Wer Schläge von einem Mitschüler einstecken muss, wird in der Regel nicht so tief traumatisiert. Die Gewalt gegen den Körper ist meist leichter zu verarbeiten als die gegen die Seele. In dem Maße, wie die körperliche Gewalt in unserer Gesellschaft und auch in der Jugend immer mehr als feige verpönt wird, hat sich auch die Qualität der Gewalt gewandelt: Jacken-Abziehen gilt unter Kindern und Jugendlichen weniger primitiv als Zuschlagen; erfolgreiches Bedrohen, Schikanieren, Ausgrenzen, Verspotten, Demütigen oder Hänseln halten sie für »intelligenter« als körperliche Gewalt. Und so haben diese Phänomene, die wir mit dem Begriff »Mobben« bündeln, was so viel wie Anmachen oder seelisch Angreifen meint, in letzter Zeit stärker zugenommen als die zuschlagende Gewalt.

Mobbing ist die Gewalt der ständigen kleinen oder auch der gelegentlich großen Sticheleien, der Vorurteile und der Intrigen. Zu ihr neigen auch Jungen, zumal die kultivierter erzogenen und die begabteren, vor allem aber die Mädchen, die schon aus körperlichen Gründen nicht so leicht zuschlagen können.

Wohlgemerkt: Es gibt immer alles, auch zuschlagende Mädchen und Gymnasiasten und mobbende Jungen und Hauptschüler, aber insgesamt kommt Mobbing eher bei Mädchen und Gymnasiasten vor und Zuschlagen und Bedrohen mit Waffen eher bei Jungen und Hauptschülern.

Das Mobben reicht vom Erpressen und Wegnehmen über das Verbreiten von schlimmen Gerüchten, über sexuelle Anmache und Telefonterror bis hin zum direkten Verächtlichmachen mit Worten, mit Hohn und Spott, dem Ausgrenzen von skurrilen Persönlichkeiten, dem demütigen Kommentieren von Besonderheiten des Erscheinungsbildes.

Ausländer- und Aussiedlerkinder werden auf diese Weise schikaniert, Mädchen werden frauenfeindlich angemacht, Stotterer werden gehänselt, und andere Kinder werden wegen ihrer unmodernen Kleidung ausgelacht, oder sie werden wegen ihres Fleißes als »Streber« niedergemacht.

Das Mobbing hat viel mit Orientierungsschwierigkeiten gegenüber einem Anderssein oder einer Wandlung, mit Vorurteilen, mit Neid oder leider oft auch mit Hass zu tun. Besonders das Fremde, das Ungewohnte und das nicht im Trend Liegende werden zur Zielscheibe von Diskriminierung, die auf der Seite der Täter Unsicherheit oder Rivalität im Kampf um Ansehenszugewinn zur Ursache hat und auf der Seite der Opfer zum Verlust von Selbstvertrauen und zum Einstieg in eine Spirale von Angst und sozialem Rückzug führt.

Dabei gibt es durchaus Überschneidungen zwischen Mobbing und deutlicherer Gewalt gegen Menschen und Sachen, wenn z. B. im Umkleideraum in die Jackentasche oder in den Turnschuh uriniert wird, wenn ein neuer Anorak unabwaschbar mit einem Filzstift bemalt wird, wenn ein gerade zum Geburtstag geschenktes Fahrrad demoliert wird oder wenn ein glühender Bleistift auf der Hand eines missliebigen Mitschülers ausgedrückt wird.

Eine Studie an 47 schleswig-holsteinischen Schulen hat ergeben, dass eines von zehn Kindern ständig von Mitschülern schikaniert wird, dass nur jedes dritte dieser Mobbing-Opfer es wagt, einen Lehrer auf seine Not hinzuweisen, und dass nur jeder vierte Lehrer von sich aus Schüler anspricht, die ständig gemobbt werden. Die Mehrheit der gemobbten Schüler leidet und schweigt zugleich aus Furcht, alles könne sonst noch schlimmer werden. Einerseits sind sie so eingeschüchtert, dass sie sich nicht zu wehren wagen, und andererseits wollen sie nicht, dass sie zum Gesprächsgegenstand zwischen Lehrer und Klasse werden. Ihnen ist dieses Outen höchst peinlich.

Wir wissen aber, dass die Situation von Mobbing-Opfern nur verbessert werden kann, wenn Täter, Opfer und Zuschauer gemeinsam unter der Moderation von Erwachsenen auf das Problem zugehen,

> indem solche Mobbing-Situationen noch einmal veranschaulicht werden,

> indem man die Täter sodann mit ihren Taten bewertend konfrontiert,

> indem die Opfer gestärkt werden, also neues Selbstvertrauen gewinnen, und Verhaltensalternativen für spätere ähnliche Situationen gewinnen und über Rollenspiele eintrainieren können

›   und indem die Zuschauer die Notwendigkeit einsehen, sich einzumischen, und in die Lage versetzt werden, sich als »Streitschlichter« oder »Konfliktlotsen« de-eskalierend und problemlösend zu verhalten. Streitschlichter müssen übrigens nicht nur zuschauende Schüler werden, auch die Lehrer müssen dringend so etwas im Rahmen der Lehrerfortbildung lernen.

Vor allem muss Mobbing in den Augen der Gleichaltrigen verpönt werden, damit es als Gewaltphänomen in Schulklassen zurückgeht.

## WARUM ZERSTÖREN? – DIE GEWALT GEGEN SACHEN

—   *Kinder, die in allzu perfekt geordneten und geregelten Umwelten aufwachsen, neigen in ihren Spielen zu Demontage und Zerstörung.*

—   *Jugendliche tendieren dazu, Gewalt gegen etwas zu richten, was sie krank macht, also zum Beispiel gegen Schulgebäude.*

—   *Die Gewalt gegen Sachen nimmt in dem Maße zu, wie der Respekt vor Eigentum und dem Wert von Dingen abnimmt.*

—   *Eltern müssen ihren Kindern vermitteln, wie schwer es ist, sich etwas zu erarbeiten, zu haushalten oder materielle Wünsche zu erfüllen, damit auch in ihrem Bewusstsein Sachen einen Wert bekommen.*

—   *In einer ausufernden Konsumgesellschaft sinkt die Freude über materiellen Zugewinn, und das erhöht die Gewaltbereitschaft gegen Sachen.*

—   *Für viele junge Menschen ist Gewalt gegen Sachen das Äußerste, zu dem sie bereit sind. Gewalt gegen Menschen bleibt für sie tabu; für andere beginnt die Gewalt gegen Menschen mit der Gewalt gegen Sachen.*

—   *Oft wird die Gewalt gegen Sachen gerichtet, obwohl eigentlich Menschen gemeint sind.*

Für viele Kinder und Jugendliche ist die Gewalt gegen Sachen das äußerste Mittel, um auf sich aufmerksam zu machen. Sie mobben andere, sie setzen gelegentlich die

Sprachgewalt ein, sie treten manchmal im Affekt gegen Türen, werfen aus Übermut Parkbänke um, reißen die Hörer in einer Telefonzelle vom Apparat ab, schlitzen Sitze in Bussen oder Bahnen auf, sprühen Graffiti-Pieces gegen eine Betonmauer, oder sie setzen einen Papierkorb in Brand. Aber die körperliche Gewalt gegen Menschen ist für sie tabu, das geht ihnen zu weit, hier greift die Grenze, die ihnen erzieherisch zuvor vermittelt wurde. Es gibt aber auch junge Menschen, die mit der Gewalt gegen Sachen erst so richtig in die Gewaltspirale einsteigen.

Die Gewalt gegen Sachen geht vielfach einher mit dem Bagatellisieren von materiellen Werten. In unserer ausufernden Konsumgesellschaft haben viele Kinder keinen Respekt mehr vor Eigentum. In dem Maße, wie ihnen jeder materielle Wunsch sofort erfüllt wird, in dem Maße, wie sie die Verbrauchs- und Wegwerfgesellschaft internalisiert haben, hat ihre Freude über ein hochwertiges ferngesteuertes Auto, über aufwendige Klamotten und über ein üppiges Taschengeld gleichzeitig dramatisch abgenommen, zumal wenn sie nie selbst mit Geld wirtschaften mussten, wenn sie nie erlebt haben, wie lange man für 50 Mark arbeiten muss.

Wenn Eltern nicht ein mühsames Haushalten vorleben, wenn ihre Kinder nicht mitbekommen, dass jede Mark erst zweimal umgedreht werden muss, bevor sie dann ausgegeben wird, dann bedeutet ihnen der Wert eines Kotflügels, eines Fahrrades oder einer Telefonzelle nicht viel, vor allem wenn sie den wahren Besitzer nicht kennen oder wenn sie wissen, dass eine Parkbank und ein Papierkorb oder auch ein Supermarkt eigentlich niemandem persönlich gehören, der unter den Schäden leidet, sondern der Allgemeinheit oder einem Konzern. Vor diesem Hintergrund verwundert es nicht, dass an deutschen Schulgebäuden jährlich ein Schaden von etwa 250 Millionen Mark angerichtet wird.

Erst wenn Kinder und Jugendliche schon früh am eigenen Leib spüren, wie mühselig man sich etwas zusammen sparen muss, wie lange es dauert, bis man sich einen Wunsch erfüllen kann, mit wie vielen Sorgen ihre Eltern eine neue Sitzgarnitur oder ein Auto abzahlen, wie knapp das Taschengeld gegen Ende der Woche oder des Monats wird oder wie anstrengend es ist, sich ein paar Mark durch das Austragen für ein Blumengeschäft oder eine Apotheke oder von Zeitungen, durch Babysitting, Rasenmähen oder Auffüllen von Warenhausregalen zu verdienen, wächst das Gefühl für materielle

Werte. Es wächst aber auch, wenn man erpresst oder bestohlen wurde, wenn man etwas besonders Teures verloren hat oder wenn man mit großem Aufwand in stundenlanger Arbeit etwas gebaut hat, was dann ein anderer gedankenlos oder gar mutwillig in wenigen Sekunden zerstört.

Wir unterscheiden das wahllose Zerstören, bei dem Wut gegen einen zufällig in der Nähe befindlichen Gegenstand gerichtet wird (das Spielzeugauto wird zertreten, weil man sich über Mamas auswegslose Aufforderung zum Abwaschen geärgert hat), das zielgerichtete Zerstören (die Tür wird eingetreten, weil sie abgeschlossen ist und den kürzesten Weg versperrt), das kompensatorische Zerstören (man meint Mama, schlägt aber nicht sie, sondern zerschlägt stattdessen ihre Lieblingsvase), das soziale Zerstören (man ärgert sich über die Wohnungsbaugenossenschaft und legt deshalb Feuer im Müllraum, oder man wagt es, eine Telefonzelle zu zerstören, um mit dem dadurch bewiesenen Mut Aufnahme in eine Jugendgruppe zu finden, oder man traut sich, den Lack von 20 hintereinander parkenden Autos zu zerkratzen oder deren Reifen zu zerstechen, um mit dieser Bereitschaft, das Verbotene zu tun, eine höhere Anerkennung bei Gleichaltrigen zu gewinnen) sowie das politisch motivierte Zerstören (Gewalt gegen Shell-Tankstellen wegen der maritimen Ölverschmutzungen dieses Konzerns durch Bohrinseln; ein Brandanschlag auf das Haus einer örtlichen Parteizentrale).

In die letzten beiden Rubriken der sozial und politisch gemeinten Zerstörung gehört auch, wenn Neonazis Grabsteine auf einem jüdischen Friedhof umkippen oder mit Hakenkreuzen besprühen, wenn Skinheads die Scheiben eines türkischen Obst- und Gemüsegeschäfts einschlagen, oder wenn Graffiti-Sprayer die trostlosen grauen Betonmauern in ihrer Trabantenstadt mit ihren künstlerisch gesehen oft sehr anspruchsvollen Werken »verschönern« wollen.

Weil die Gewalt gegen Sachen in der Regel geringer bestraft wird (sieht man einmal von eventuell folgenden hohen finanziellen Wiederinstandsetzungsleistungen ab) als die Gewalt gegen Menschen, weil ihre Täter häufiger unentdeckt bleiben, da die Polizei bei der Gewalt gegen Menschen einen größeren Verfolgungsaufwand betreibt, und weil sie in der Öffentlichkeit eher als »Kavaliersdelikt« oder als pubertätsbedingtes Rowdytum eingeordnet wird, liegt die Hemmschwelle beim Vandalismus wesentlich geringer als beim Zuschlagen, also bei der Körperverletzung.

Die Zahl der Gewalttaten gegen Sachen ist also weitaus höher als die der Gewalttaten gegen Menschen. Kaufhausdiebstähle, mutwilliges oder fahrlässiges Zerstören und das Abziehen oder Abpressen von Klamotten, Geld, Walkmen, Discmen, CDs, Disketten, Handys oder auch von Schulbrot und Büchern spielen daher in den Kriminalitätsstatistiken eine größere Rolle als Körperverletzungen, Waffenmissbrauch und Tötungsdelikte.

Zur Gewalt gegen Sachen gehört übrigens auch der Aspekt der Fehleinschätzung der Folgen dieser Taten: Da wird nur ein wenig mit Feuer gespielt, indem die im Hausflur liegenden Wochenzeitungen angesteckt werden; am Ende brennt aber das ganze Haus ab, und mehrere Menschen kommen dabei um. Da wird mit geringer krimineller Energie, um einem Freund zu imponieren, »nur« eine Vase aus einem Museum geklaut, aber am nächsten Tag steht in der Zeitung, dass sie vor 5000 Jahren in China hergestellt wurde und mindestens 100.000 Mark wert ist. Und da wird eine Eisenstange aus Abenteuerlust auf die Schienen gelegt, und der nächste Zug entgleist so, dass 50 Menschen schwer verletzt werden.

Es kann jedoch auch genau umgekehrt sein; man will absichtlich mit geringem Aufwand und geringem materiellen Schaden ein Höchstmaß an Betroffenheit und größtmöglicher öffentlicher Aufmerksamkeit bewirken, die zu einem Optimum an Anerkennung führen. Wer Hakenkreuze an eine Synagoge malt oder wer als 13-Jähriger einen Porsche klaut und damit mit 280 Stundenkilometern über die A24 von Hamburg nach Berlin rast, verfolgt von der Polizei, und erst nach 300 km gestoppt wird, kann sich eines gewaltigen Medienrummels gewiss sein und damit auch des Ansehenszugewinns bei den eigenen Freunden.

## WARUM ZUSCHLAGEN? – DIE GEWALT GEGEN MENSCHEN

- *Schläger wird man, wenn man zuvor selbst oft geschlagen wurde.*
- *Schläger sind in Bezug auf Schläge abgestumpft.*
- *Häufig geschlagene Menschen neigen dazu, ihr Leid mit anderen zu teilen, indem sie andere auch zu Opfern von Schlägen werden lassen.*

- *Wer oft im Spiel schießt und wer oft sieht, wie andere erschossen werden, trainiert sich seine Tötungshemmung weg.*
- *Man schießt leichter mit der Pistole auf einen Menschen, als dass man mit einem Messer auf ihn einsticht oder ihm einen Faustschlag ins Gesicht versetzt.*
- *Multiproblemmilieus begünstigen über Modelllernen den Gewalteinsatz gegen Menschen.*

Bei dem Massaker in der Schule von Littleton (USA) fragten sich weltweit viele Menschen, wie es dazu kommen konnte. Man diskutierte zum wiederholen Male über die Folgewirkung von Mediengewalt. Psychologen behaupteten, jahrelanges Erschießen von »Menschen« in Gameboys, Playstations und Computerspielen sowie das häufige Sehen von Morden in Fernseh- und Videofilmen würde die jedem Menschen innenwohnende Tötungshemmung langsam wegtrainieren, Tötungsmechanismen würden per häufiger Wiederholung im Spiel und durch Zuschauen zunehmend verinnerlicht werden.

Ein amerikanischer Militärpsychologe wies darauf hin, dass man sich dieses Wegtrainieren der Tötungshemmung sogar in der Armee zu Nutzen mache, indem man Rekruten stundenlang auf Simulationsmonitore, über die menschliche Wesen laufen, schießen lasse; und die Bereitschaft abzudrücken, würde dabei von Tag zu Tag wachsen. Denn dreierlei müsse zusammenkommen, damit das Abschießen von Menschen auch wirklich gelingt:

> Man braucht den Willen zum Töten,
> man braucht eine reduzierte Tötungshemmung
> und man benötigt eine Waffe, die Töten erleichtert.

Mit einem Messer jemanden umbringen zu wollen erfordert eine wesentlich höhere Überwindung und eine wesentlich geringere Tötungshemmung als mit einer Pistole oder einem Gewehr, bei dem nur mit einem geringen Druck der Abzug zu betätigen ist. Je dümmer jemand ist, desto geringer ist übrigens die Tötungshemmung. Sie kann auch durch extreme Wut oder durch überlang aufgestaute Aggressionen reduziert werden, aber vor allem durch häufige Wiederholung, und sei es per Simulation, im Spiel oder durch ständiges passives Konsumieren von Gewalt als Zuschauer.

Modell- oder Imitationslernen spielt also eine gewichtige Rolle bei der Anwendung von Gewalt gegen Menschen, aber auch die Unfähigkeit, seinen Frust derart nicht zerstörerisch auszugleichen. Erst über häufig vorgelebte, durch Bewertung gestärkte und vielfach eingeübte positive Verhaltensalternativen wird die zuschlagende oder waffen einsetzende Gewalt in der erforderlichen Weise verpönt und unmöglicht gemacht. Strafen bewirken dabei übrigens weniger als die Abwertung seitens Bezugspersonen und Gleichaltriger; und Erfolge durch sinnvolle Verhaltensalternativen bringen mehr als Moralpredigten oder ein Fernsehverbot.

Keiner wird ein Schläger, wenn er nicht zuvor oft selbst geschlagen wurde. Deshalb ist das Verbot, dass der Deutsche Bundestag in Bezug auf das Schlagen von Kindern ausgesprochen hat, mehr als eine symbolische Geste. Es kann dazu beitragen, dass nicht mehr so viele Kinder wie bisher und andere nicht mehr so oft geschlagen werden und der Opfer-Täter-Mechanismus entscheidend durchbrochen wird. Denn wer am eigenen Leibe immer wieder schmerzhaft gespürt hat, was Zuschlagen und auch sexueller Missbrauch bedeuten, der gewöhnt sich nicht nur zum Teil daran, der ist auch geneigt, sein Leid mit anderen zu teilen. Also wird die Hemmschwelle deutlich herabgesetzt, Gewalt auch anderen Menschen zuzufügen, es sei denn, er stemmt sich mit einer ganz bewussten Entscheidung gegen die aktive Wiederholung von selbst durchlittenen Verhaltensmustern. Nur etwa zehn Prozent der Menschen handeln als Folge von Abschreckung bewusst gegensätzlich, wenn sie oft geschlagen wurden; sie schlagen ihre Kinder nicht. Etwa 90 Prozent reagieren aber eher nach gewohntem und verinnerlichtem Muster, gegen dessen Schmerzen sie allmählich abgestumpft sind.

Insofern sind viele kleine gewaltreiche Lebenswelten eines einzigen Tages in einem »Multiproblemmilieu« zusammen durchaus sehr gewaltfördernd. Wer täglich von seinen Eltern und Geschwistern geschlagen wird, wer schon im Kindergarten und später in der Schule oft verprügelt wird, wer überdies Mitglied einer häufig zuschlagenden Straßen- oder Stadtteilbande, Hooligan-, Skinhead- oder Neonazigruppe wird oder ständig das Gangbanging dieser Gruppen in seiner Nachbarschaft hautnah miterlebt, wer darüber hinaus täglich auf dem Bildschirm sieht, wie seine Helden ihre Probleme mit Waffen und Fäusten lösen, und wer ergänzend zu alledem im Verein Kampfsport-techniken einstudiert, der ist schnell bereit, dieses ihm zur Verfügung stehende Schlag-potenzial auch bei geringfügigen Anlässen einzusetzen.

Mitfühlenkönnen ist jedenfalls das beste Gegenmittel gegen zuschlagende Gewalt. Und so bemühen sich viele Pädagogen und Polizisten um den »Täter-Opfer-Ausgleich«, also um das Konfrontieren des Täters mit dem, was er angerichtet hat. Wenn das Opfer nicht abstrakt, also nicht anonym bleibt, wenn der Täter an das Krankenbett des blu-tenden und wimmernden Opfers gebracht wird, wenn er dort zugleich die weinende Mutter oder Ehefrau des Opfers erlebt oder wenn er bei verheerenden Spätfolgen sei-ner Tat nach längerer Zeit die durch ihn angerichtete Behinderung des Opfers sowie die sozialen und wirtschaftlichen Folgen für dessen Familie miterlebt, dann erst beginnt oft sein Mitfühlenkönnen und damit das Verpönen von Gewalt gegen Menschen. Erst das Konfrontieren des Täters mit seiner Tat und mit den Folgen für sein Opfer ermöglicht bei vielen Schlägern, dass sie erstmals kurz von sich selbst und ihren Selbstrechtfertigun-gen und Bagatellisierungen abzusehen vermögen, dass sie sich also für einige Minuten oder sogar für etwas länger oder auch dauerhaft in ihr Opfer hineinfühlen können. Und damit kann dann vielleicht die Weiche zu einem anderen Weg mit Läuterung, Besse-rung, Resozialisierung und Verzicht auf Gewalt als Selbstbehauptungs-, Durchset-zungs- und Anerkennungsmittel gestellt zu werden.

## Wenn junge Menschen »cool« sein wollen

– *Immer mehr Jungen und Männer haben Angst davor, dass Nähe, Emotionalität, Körperkontakt und das Zeigen von Gefühlen als weich, feminin, pädophil oder als Sexualstraftat missverstanden werden könnten.*

– *Sie verbergen daher ihre Gefühle hinter einer Stärke vortäuschenden Fassade.*

– *Wenn Jungen mehr brutale Männlichkeit als liebevolle Väterlichkeit repräsen-tiert bekommen, bleiben sie emotional so schwach entwickelt, dass sie sich cool gebärden müssen.*

– *Die sexuelle Emanzipation der Hippie-Bewegung führte in den Jahren von 1968 bis 1978 zu einem höheren Selbstwertgefühl der Jungen, die es sich damit auch leisten konnten, weicher zu wirken.*

– *Jungen brauchen besonders viel liebevolle Zuwendung von Müttern <u>und</u> Vätern.*

»Cool«, also eigentlich kalt oder zumindest kühl sein zu können, ist bei Jugendlichen zur Zeit ein hoher Wert; auf jedem Fall ist »cool« für sie ein positiv besetzter Begriff. Nun könnte man einwenden, dass es beim Coolsein weniger darum geht, kalt zu sein, als vielmehr darum, einen »kühlen Kopf« zu bewahren, also bedacht und überlegt in dieser schnelllebigen Welt auf die Masse der einstürmenden Reize, Herausforderungen, Grenzsetzungen und Versagenserlebnisse zu reagieren, und das sei doch allemal gut.

Aber Coolsein ist leider auch dann noch für Jugendliche etwas Positives, wenn uns Erwachsenen ihre äußere Emotionslosigkeit, ihre Distanz, ihr Verzicht auf Zeigen von Gefühlen in Mimik, Gestik und Sprache zu weit geht. Wir ahnen, dass den jungen Menschen diese Fassade der Kälte selbst nicht gut tut, dass sie dahinter ihre Hilflosigkeit, ihr geringes Selbstwertgefühl und ihre Sehnsucht nach Liebe, nach Zuwendung, nach Geborgenheit, nach Humor und nach Nähe und Wärme nur zu verbergen versuchen. Wenn das so ist, müssen wir ihnen helfen, dann müssen wir ihre nach außen dargestellte brutale Männlichkeit als Ruf nach mehr liebevoller Väterlichkeit entlarven, und dann müssen wir ihnen Wege aufzeigen, mit denen sie im Inneren gestärkt werden, damit sie außen nicht mehr so viel Stärke mit machohafter, cooler und martialischer Aufmachung vortäuschen müssen. Ihre coole Fassade schützt sie zwar vor Anfeindungen und Überforderungen; aber eigentlich möchten sie viel lieber offen sein, anderen gefallen, für liebenswert erklärt werden, charmant und höflich sein und sexy wirken; eigentlich möchten sie kommunikativ stark, sozial erfolgreich, flexibel und kreativ sein, weil sie genau wissen, dass sie dann sowohl bei ihren Flirts bessere Karten haben als auch in ihrem späteren beruflichen Werdegang. Nur wissen sie nicht, wie sie das hinkriegen können, und so verbergen sie ihre Unsicherheit und ihre innere Schwäche lieber hinter der Scheinfassade der coolen Außenwirkung.

In den 70er Jahren des vergangenen Jahrhunderts, also zur Zeit der Flower-Power-Bewegung und der Hippies, waren Jungen und Männer schon einmal viel weiter, was

Emotionalität, Nähe und Körperkontakt sowie Gefühle zeigen zu können anbelangt. Dank einer Welle der sexuellen Emanzipation und Liberalisierung bekamen sie sehr viel mehr direkte Zuwendung, so dass ihre innere Bilanz seinerzeit durchweg stimmiger und damit ihr Selbstwertgefühl höher war.

Mit dem Abebben der Bejahung von weichen äußeren Zügen, mit dem Import von Macho-Idealen aus anderen Kulturen und der vermehrt gezeigten Söldner-, Cop- und Colt-Kultur in amerikanischen Action-Filmen wurden die Haare wieder kürzer, wurden Bomberjacken, Springerstiefel, Ketten, Schlagringe, Ninja-Sterne, Butterflymesser, Klappmesser, Tatoos, Piercing sowie Kampf- und Kraftsport wichtige Statussymbole.

Mit der Diskussion um sexuellen Missbrauch wuchs zugleich die Angst der Männer, sie könnten, wenn sie zu sehr auf Kinder eingehen, als weich, feminin, schwul oder pädophil oder gar als Sexualstraftäter missverstanden werden. Deshalb zogen sie sich zunehmend aus den verdächtig gewordenen Dimensionen Emotionalität, Nähe und Körperkontakt sowie dem Zeigen von Gefühlen zurück und repräsentieren heute eher eine unverdächtig deutliche Männlichkeit als eine liebevolle Väterlichkeit. Für kleine Jungen hat sich damit ein Wandel der Identifikationspersonen auf der Suche nach ihrer Männlichkeitsrolle ergeben. Und abgesehen davon, dass Männer in ihrem Leben immer seltener vorkommen, weil es oft keinen aktiven Vater gibt und sie in der Schule vorwiegend von Lehrerinnen unterrichtet werden, bekommen sie auch noch eine deutlich geringere Zuwendung zu ihrer rechten Hirnhälfte, dem Sitz des Emotionalen und der Kommunikation.

Solange unsere häuslichen Erziehungsweisen und unsere schulischen Belehrungsmethoden sich vor allem nur an die linke Hirnhälfte, in der das Rationale, das Logische und das Vernünftige, also das Verstandesmäßige sitzen, richten, solange wir also insbesondere nur das ausführende Organ des Gehirns herauszufordern und zu entwickeln gedenken, müssen vor allem die Jungen auf der Strecke bleiben.

Mädchen können auch cool sein, aber sie können dann auch wieder sehr viel müheloser als Jungen ihr Verhalten in Richtung weich, feminin, emotional, kommunikativ und sozial wechseln, auch weil ihnen das viel eher zugestanden wird als Jungen, so wie es ihnen leichter gemacht wird, lesbisch sein zu dürfen, als Jungen, ihr Schwulsein auszuleben.

Eines ist jedenfalls klar: Erst wenn wir es schaffen, dass Mütter so viel mit ihren Söhnen sprechen wie mit ihren Töchtern, dass die Männer in der Erziehung wieder den Mut zu einem deutlichen Mehr an liebevoller Zuwendung zu Jungen aufbringen und dass die Jungen das Maß an Emotionalität, Kommunikation, Kreativem und Sozialem erfahren, das sie eigentlich unbedingt benötigen, dann müssen sie, wenn sie noch klein sind, nicht mehr so oft weinen, und dann brauchen sie später im Jugendalter nicht mehr so überstark hinter einem vorgetäuschten Coolsein ihre innere Schwäche, ihre Liebesbedürftigkeit und auch ihre eigentlich Liebenswürdigkeit verstecken. Das gilt vor allem für Jungen aus islamischen Staaten, die etwa bis zum elften Lebensjahr noch Kind sein dürfen, dann aber von heute auf morgen Mann sein müssen, was sie in einer Weise überfordert, dass ihnen keine andere Wahl mehr bleibt, als ein alles andere kaschierender Macho zu werden.

## GEWALT ZWISCHEN ABENTEUERLUST UND BEDÜRFNIS NACH ANERKENNUNG

- *Jugendliche haben das Bedürfnis, ihre Möglichkeiten, Grenzen und Ängste durch Wagemut auszutesten.*
- *Wer nicht auf gesellschaftlich anerkannte Weise tüchtig oder beliebt sein kann, versucht oft, zumindest mit Verbotenem einen Ansehenszugewinn zu erreichen.*
- *Wer den Schritt in das verbotene Land wagt, um Orientierung zu gewinnen, braucht dringend eine Reaktion, weil er sonst kein stimmiges Weltbild aufbauen kann und weil er immer weiter gehen muss, in der Hoffnung, dass endlich einmal etwas passiert.*
- *Wenn Erwachsene auf Grenzsetzungen verzichten, zwingen sie junge Menschen, Alleingelassen zu werden als Selbstständigkeit zu verstehen.*

Einen Krimi auf dem Bildschirm oder im Kino zu sehen ist für viele Menschen spannend. Sie können wenigstens in ihrer Phantasie leben, was sie in Wirklichkeit nicht leben dürfen, es sei denn als Opfer. Wer Gewalt in einem Action-Film sieht oder es selbst wagt, etwas Verbotenes zu tun, bekommt es mit seiner Angst zu tun; er spielt mit dieser Angst, indem er sich fragt, wie er in der Rolle des Täters mit ihr umgehen würde, oder er wagt selbst den Grenzübertritt. Die Grenze zwischen Wagemut und Angst auszuprobieren nennen wir Abenteuerlust. Wenn andere das Verbotene tun oder wenn man selbst den Grenzübertritt wagt, dann ist daran interessant, ob es gut ausgeht oder ob das Böse zur Strecke gebracht wird, ob der Täter gewinnt oder die Polizei, ob Körperkraft, Waffen, Fluchtstrategien, Intelligenz oder Dummheit und Fehlermachen obsiegen.

Mit Abenteuerlust und Wagemut testet man seine Möglichkeiten und Grenzen, die von anderen und von der dinglichen Welt aus. Das kann man erlaubt tun, indem man mit dem Floß den Atlantik überquert, indem man 8000 Meter hohe Berge ersteigt, indem man Freeclimbing, Drachenfliegen, Bungee-Springen, Fallschirmspringen oder Canyoning betreibt, man kann sich aber auch in das verbotene Land wagen, indem man im Warenhaus klaut, indem man jemandem anonym eine riesige Pizza bestellt oder indem man jemanden erpresst.

Vieles, was junge Menschen tun, dient dem Versuch, mit Gefahren oder Risiken die Balance zwischen dem eigenen Ich und den Zurückweisungen durch andere, durch die Gesellschaft oder durch die Natur zu finden. Aber irgendwann muss dieser Prozess dann im Alter von Heranwachsenden abgeschlossen sein, und zwar durch ein dann erworbenes stimmiges Weltbild.

Weil die Abenteuerlust auch immer etwas mit der Suche oder gar der Sehnsucht nach Grenzerfahrungen zu tun hat, müssen diese auch unbedingt gemacht werden. Wer Jugendliche mit diesem Bedürfnis nach sichtbar werdenden Grenzen allein lässt, indem er als verantwortlicher Erwachsener immer nur zurückweicht oder indem er die Grenzen täglich anders, also inkonsequent setzt, versündigt sich an ihnen, auch wenn er es eventuell sogar gut meint nach dem Motto: »Sie sollen Alleingelassensein als Selbstständigkeit verstehen lernen«.

Mit Abenteuerlust will man jedoch nicht nur sich selbst – im Grunde genommen narzisstisch – in seinen Möglichkeiten und Grenzen austesten sowie Gesellschaft und Natur auf die Probe stellen; wichtig ist offenbar auch, den Wagemut anderer zu überprüfen, indem von ihnen Mutproben als Aufnahmeritual in die Gruppe verlangt oder indem man ihnen nur dann einen Rangordnungsaufstieg in der Gruppe zugesteht, wenn sie sich Schlimmes zu tun trauen.

Wer den »Mut« aufbringt, als Hooligan jedes Wochenende Fans des gegnerischen Fußballvereins zu verprügeln oder Feuerwerkskörper in die vollbesetzten Zuschauerränge zu werfen, ohne dass die Polizei ihn schnappt, wer als Skinhead wagt, einen Brandsatz in ein von Asylbewerbern bewohntes Haus oder einen Molotow-Cocktail durch die Scheibe einer Synagoge zu werfen, wer es als Gruftie wagt, einen Grabstein vom Friedhof zu klauen, um damit sein Zimmer zu dekorieren, kann sich zumindest in seinem unmittelbaren Umfeld eines hohen Ansehenszuwachses gewiss sein.

Kinder, die nicht tüchtig sein können, weil sie nicht gut Handball spielen und weil sie auf dem Skateboard ungelenk sind, weil sie nicht gut rechnen und weil sie den Computer nicht beherrschen, wollen zumindest beliebt sein, so dass sie Spielzeug, Süßigkeiten und Geld verschenken und über Gebühr in ihr Outfit investieren. Wenn ihnen auch das nicht gelingt, wollen sie wenigstens gut schummeln, aufschneiden, klauen oder zuschlagen können, um wenigstens irgendwo irgendwelche Leistungen zu erbringen, mit denen sie von einigen Gleichgesinnten anerkannt werden.

Aus solchem Teufelskreis, der sich sehr rasch per Ersatzerfolg und Gewöhnung zu einer gewaltreichen Karriere hochschraubt, kann man sie als Eltern und Erzieher nur noch herausbringen, indem ihre kriminell erworbenen Bonuspunkte durch andere Gleichaltrige über Konfrontation und Abwertung wieder auf null zurückgeführt werden und indem man ihnen gesellschaftlich akzeptierte Erfolgserlebnisse ermöglicht.

## DIE FASZINIERENDEN UND EROTISIERENDEN ASPEKTE VON GEWALT

— *Manche Menschen reagieren wie Vogelweibchen: Sie sind von der Gewaltfähigkeit der Männchen fasziniert, weil sie für ihren Nachwuchs immer das stärkste Erbgut auswählen wollen.*

— *Wer durch extreme Gewalt gegen den eigenen Körper selbstbefriedigt wird, geht so schlecht mit sich selbst um, dass er anderen dieses Schicksal auch zumutet.*

— *Wer in kürzester Zeit endlich einmal auf sich aufmerksam machen will, sucht*

*sich die spektakulärste aller denkbaren Gewaltaktionen aus; dann sind ihm die*
*Schlagzeilen sicher.*

– *Amokläufern bedeutet ihr eigenes Leben genauso wenig wie das der anderen.*

Bei Tieren ist es so: Wer als Männchen einem Rivalen gegenüber besonders bedrohlich wirkt, fasziniert das Weibchen am meisten. Sie wählt sich auf diese Weise das stärkste Erbgut für ihren Nachwuchs aus. Das Weibchen wird durch die Gewalt des Männchens paarungsbereit, sie entspricht ihrem Stimulationsbedürfnis. Und wie ist das bei Menschen?

Auch hier gilt: Wer kräftig und durchsetzungsstark ist, imponiert, er fasziniert oft sogar. Gewalt hat auch eine erotische Dimension. Manche Mädchen fühlen sich von Muskelpaketen angezogen, wobei es aber zunächst einmal um eine schützende Gewaltfähigkeit geht und noch nicht um den Gewalteinsatz. Besonders eine Kombination aus Gewaltfähigkeit und Friedfertigkeit macht viele Männer attraktiv für Frauen und Jungen für Mädchen. »Du bist mein riesengroßer Teddybär«, schmeicheln sie ihm dann, und damit meinen sie die Kombination aus Stärke und Zärtlichkeit.

Wenn aber Frauen zu Box- und Ringkämpfen gehen und Mädchen Wrestling-Shows auf dem Bildschirm verfolgen, dann geht es oft um die Faszination von Stärke plus erotischer Ausstrahlung. Dass sich Menschen so zu wehren vermögen, dass sie den Mut zu einem derartigen Gewalteinsatz haben, das macht auf viele Zeitgenossen Eindruck. Für viele Jungen und Männer sind starke Waffen ein Faszinosum, eventuell auch ein Penisersatz, sie zieren sich damit, und sie sammeln sie.

Gewalt ist in manchen Umfeldern ein hoher Wert, sie ist dort »in« oder »chic«, und sie liegt im Trend der Medienberichterstattung. Wer endlich einmal nach einem niederlagenreichen Leben im Mittelpunkt stehen will, wer in kürzester Zeit Aufmerksamkeit erlangen will, der muss sich nur eine besonders spektakuläre Tat aussuchen, und schon beherrscht er die Schlagzeilen. Manchmal bricht das Spektakuläre aber auch ganz unerwartet wie ein Vulkan aus, nachdem es jahrelang in der Seele des Täters schlimm gebrodelt hat.

Zwar gab es vorausgehende kleine Beben, die mit einem Frühwarnsystem hätten erkannt und auf ihre Ursachen zurückgeführt werden können, aber da die Vorbeben nicht ernst genommen wurden, passiert dann etwas ganz Schreckliches: Eine Welle der Gewalt von Schülern gegen Lehrer wird zum Anlass genommen, sich dranzuhängen und mit einer Pistole in einen Klassenraum zu stürzen; eine Welle von extremer Schülergewalt gegen Mitschüler wird genutzt, um für sich selbst auch dieses Ventil zur Ableitung des inneren Überdrucks zu wählen, oder der Jahrestag des Schulmassakers von Littleton im US-Bundesstaat Colorado wird zur Stimulation für eine Nachahmung.

Mit Gewalttätern ist oft schon früh sehr schlecht umgegangen worden; in der Folge gingen sie dann auch schlecht mit sich selbst um, so dass sie innen schwach blieben, aber in ihrem Leid nicht allein sein wollten. Sie möchten aus Rache auch andere zu Opfern werden lassen. Also gehen sie auch schlecht mit anderen Menschen um. Aber gut, also erfolgreich wollen sie wenigstens mit der Gewalt umgehen; das macht sie zum Äußersten bereit, und das ist dann eventuell ein akribisch geplanter und inszenierter Mord. Manche empfinden im Moment der Tat sogar eine tiefe sexuelle Befriedigung. Wer bereit ist, Gewalt in extremer Form gegen sich selbst wirken zu lassen, indem er sich mit Messern anritzt, indem er sich von einer Prostituierten auspeitschen lässt oder indem er mit dem Snowboard den Kilimandscharo abfährt, ist narzisstisch und masochistisch genug, Schmerzen in einer Weise zu bagatellisieren, dass er sie auch ohne Bedenken anderen konkreten Menschen oder der Gesellschaft zufügt.

Es muss also etwas Faszinierendes daran sein, sich eine Sicherheitsnadel durch unterschiedliche Körperteile zu fabrizieren, mit den Füßen über glühende Kohlen zu laufen oder sich als S-Bahn-Surfer bei 80 Stundenkilometern auf das Dach des Zuges zu hangeln. Das Ausprobieren von Verletzung und Tod macht bei solchen Menschen natürlich nicht vor anderen Halt. Nur Menschen, die ihr eigenes Ich zu wenig kennen, neigen zum alleräußersten Risiko, in der Hoffnung, dass sie sich endlich einmal kennen lernen, zumindest aber spüren. Und genau diese innere Schwäche, diese Gefühlsarmut ist es, die sie auch gegenüber anderen gefühllos geraten lässt. Der Psychologe Ulrich Aufmuth, der seit Jahren Extrembergsteiger analysiert, kommt daher zu dem Schluss: »Die von konkreter Gefahr gekennzeichnete Grenzsituation am Berg hebt vorübergehend den schmerzlich empfundenen Mangel an Ich-Identität auf, denn angesichts des Todes fragt man nicht mehr, wozu man lebt oder leben will.«

Dies fragen sich Amokläufer eben auch nicht mehr. Ihnen ist es egal, ob sie bei ihrer Gewalttat selbst draufgehen, denn ihr eigenes Leben bedeutet ihnen genauso wenig wie das der anderen.

# WIE KÖNNEN WIR GEWALT VERHINDERN? – ERFOLGSKONZEPTE GEGEN GEWALT

## DAS FRÜHWARNSYSTEM GEGEN GEWALT

- *Kaum jemand wird erst mit 15 Jahren auffällig. Gewaltbereitschaft deutet sich früh an und baut sich dann auf.*
- *Wer genau hinguckt und über diagnostische und therapeutische Fähigkeiten verfügt, kann im Kindergarten- und Grundschulalter kriminellen Karrieren mit geringem Aufwand vorbeugen.*
- *Ein Frühwarnsystem kostet die Gesellschaft viel weniger als spätere Korrekturversuche.*
- *Eine Eltern aufsuchende Pädagogik, ein erzieherisches Netzwerk vor Ort und Präventionsräte vermögen gegen Gewalt zu impfen; aber auch Elternstammtische mit Erziehungsthemen und Projekte, die »Elternschaft lernen« heißen.*

Der Hamburger Präventionslehrer Ingo Würtl spricht aus langer Erfahrung, wenn er feststellt: »Man erkennt schon bei Sechsjährigen, wer später einmal den Bach hinuntergeht«. Man müsste ergänzen: »... wenn sich nichts Entscheidendes ändert«. Wenn man erst im Alter von 15 Jahren nach vielen schweren Körperverletzungs- und Raubdelikten beginnt, einen Jugendlichen noch auf die rechte Bahn bringen zu wollen, ist das für unsere Gesellschaft viel zu teuer, weil man im Vergleich zu einem Sechsjährigen dann den zehnfachen Aufwand betreiben muss und weil dann höchstens noch 80 Prozent des eigentlich gewünschten Erfolges herauskommt.

In Kindergärten und Grundschulen ist Erziehung gegen Gewalt am sinnvollsten und effektivsten. Die aggressiven Bahnen sind nämlich noch nicht so tief eingefahren. Allerdings muss dann erst die Diagnose stimmen: Kinderärzte, Schulpsychologen, Familienhelfer und Präventionslehrer verfügen meist über die Fähigkeit zu erkennen, ob das Kind aufgrund von Erziehungsdefiziten, von Imitationslernen, von partiellen Hirnausfällen und dementsprechenden Teilleistungsstörungen, von Stoffwechselstörungen, die beispielsweise zum Hyperkinetischen Syndrom (HKS) führen, von Wahrnehmungsstörungen oder Sinnesschwächen, von Hochbegabung oder überfordernder Frühförderung, von Übererwartungen und Verplanung, von Überspringen der so wichtigen Spiel-, Sprachanbindungs- und Bewegungsphasen, also von Nichtauslebenkönnen der Kindheitsstufen, von Ernährungsfehlern oder weil es ganz anders als andere Kinder und Außenseiter ist und deshalb stets gehänselt wurde, zur Gewalt neigt. Kindergärtnerinnen und Lehrer verfügen allerdings meist nicht über die notwendige diagnostische Kompetenz, so dass dringend demnächst ihre Ausbildung in diese Richtung hin verändert werden muss.

Die Diagnose ist dann durch Therapie zu ergänzen. Präventionslehrer haben daher eigene Räume, in denen psychomotorische Kompensation, Drucktherapie, Musikmalen und Spielpädagogik möglich sind, in denen sich ein Computer und viele Geräte befinden, die das Kind entlasten und dem Lehrer die Möglichkeit geben, das Kind im Umgang mit ihm zu beobachten und dabei zu intervenieren und zu kommentieren. In Einzel- und Kleingruppengesprächen werden dann Verhaltensalternativen für kritische Situationen zur Verfügung gestellt, bewertet, angewendet und in Rollenspielen eintrainiert. Nach der Diagnose wird Kontakt mit den Eltern (»zugehende« oder »aufsuchende Pädagogik« genannt, beispielsweise in der Form von Hausbesuchen, weil die Eltern nicht in die Schule zu kommen bereit sind) und den Klassenlehrern aufgenommen, damit das Kind fortan ein erzieherisches Programm erhält, das Aggressionsstau nicht mehr entstehen lässt, weil seine innere Bilanz stimmig wird und weil ihm mittlerweile Strategien für eine angemessene Konfliktlösung zur Verfügung gestellt worden sind.

Wenn die Eltern nicht erreichbar oder nicht veränderbar sind, dann wird das Kind gestärkt – notfalls auch gegen seine Eltern –, oder die Sozialen Dienste werden eingeschaltet, damit Familienhelfer, Sozialpädagogen oder eine gute Tagesmutter das Kind entlastend und Problemstärke aufbauend begleiten können.

Das Frühwarnsystem braucht ein Netzwerk vor Ort: Kindergärtnerin oder Klassenlehrerin müssen eng mit dem Präventionslehrer zusammenarbeiten; gemeinsam mit dem Sozialarbeiter, dem Schulpsychologen, dem Familienhelfer, dem Kinderarzt, dem Sportvereinstrainer, dem Jugendbeauftragten der Polizei, dem Spielpädagogen und dem

Schulleiter und – wenn es geht – auch mit der Mutter des Kindes oder gar beiden Eltern bilden sie eine Erziehungskonferenz, die sich als aktive Begleitung des Kindes auf dem Weg zur Gewaltfreiheit versteht. Die Klassenlehrerin sorgt gleichzeitig dafür, dass ihre Schüler Regeln für das Zusammenleben in der Klasse aufstellen und dass Alltagskonflikte ständig veranschaulicht und problematisiert werden, dass Täter mit ihrem Verhalten durch Mitschüler konfrontiert werden, dass Opfern erfolgreiche Verhaltensalternativen für künftige kritische Situationen zur Verfügung gestellt werden, indem sie von der Klasse bewertet und über Rollenspiele eintrainiert werden, und dass die Masse der Zuschauer lernt, wie man sich als Streitschlichter, Konfliktlotse oder Krisenmanager so erfolgreich einzumischen vermag, dass die Situation nicht eskaliert, sondern das jeweilige Problem gelöst wird.

Über die jeweilige einzelne Schule hinaus bedeutet Frühwarnsystem aber auch, dass die Kommune oder der Stadtteil einen Präventionsrat einrichtet, der rechtzeitig Gewaltphänomene in Nachbarschaften oder in der Region, aber auch bei einzelnen jungen Menschen oder in Bezug auf überregionale Jugendkultnischen wahrzunehmen und dementsprechend vorbeugend oder frühreparierend zu reagieren vermag.

Das beste Frühwarnsystem wäre, wenn alle Schüler von Abschlussklassen einmal pro Woche ein einstündiges Fach Erziehungskunde hätten; denn wer oft über Erziehung gesprochen hat, versteht auch mehr davon, so dass seine Kinder eine günstigere Prognose haben, nicht in eine gewalttätige Karriere einzusteigen. Schulen in Problemgebieten bieten deshalb den Eltern einmal im Monat einen »Elternstammtisch« an, bei dem nur über Erziehung gesprochen wird. Um die erzieherische Stärkung der Eltern als bestem vorbeugenden Mittel gegen Gewalt geht es mittlerweile auch im Kreis Nordfriesland in Schleswig-Holstein. Dort bieten mehrere Städte ganz erfolgreich Kurse mit dem Titel »Elternschaft lernen« an.

## LIEBE, NÄHE, KÖRPERKONTAKT, GESPRÄCH UND ZEIT GEGEN GEWALT

- *Wenn alle Sinne des Kindes angesprochen werden, werden sie auch alle gegen Gewalt gestärkt.*
- *Kinder, deren Körperkontaktbilanz stimmt, sind viel seltener gewalttätig.*
- *Sprachkompetenz schützt vor dem Ausweichen mit Verbalgewalt und Zuschlagen.*
- *Berufstätige Mütter können das Bedürfnis nach zeitlichem Zusammensein über den Tag, die Woche, den Monat oder das Jahr hinweg stimmig machen.*
- *Eine sich klammernde Affenliebe fordert das Kind zu wenig heraus; sie belässt es unselbstständig und unmündig.*
- *Die Männer in der Erziehung müssen von den Frauen zu mehr liebevoller Väterlichkeit ermuntert werden.*
- *Eine Quotenregelung für Lehrkräfte in Grundschulen täte den kleinen Jungen gut.*

Kinder brauchen Liebe, Nähe, Zeit, Körperkontakt, Bewegung, Spiel, Ansprache, Zuhören, den Aufbau eines stimmigen Weltbildes, wozu auch Grenzen gehören, die Herausforderung ihrer Kräfte, wozu auch das Sich-Behaupten-Können und das Neinsagen-Können gehören, so etwas ähnliches wie Familie, also Bezugspersonen, und eine ausgewogene Ernährung.

Wer Kindern zu wenig Zuwendung oder zu viel Liebe, also eine sich klammernde und jeden Stein aus dem Weg ihres Lebens räumende »Affenliebe« gibt, fügt ihnen einen Schaden zu, den sie oft mit Verhaltensstörungen kompensieren, und eine dieser möglichen Störungen ist ihre Gewaltbereitschaft.

Kinder brauchen räumliche und emotionale Nähe zu ihren Hauptbezugspersonen. Sie wollen kuscheln, auf dem Schoß von Mama sitzen, von Papa auf den Schultern getragen werden und gelegentlich zwischen ihren Eltern schlafen; sie brauchen Trost und Zuspruch, sie wollen gemeinsam mit ihren Eltern etwas unternehmen, mit ihnen essen, mit ihnen spielen, sie brauchen das abendliche Gespräch, indem Mama oder Papa vor dem Einschlafen auf der Bettkante sitzen, mit ihnen den abgelaufenen Tag Revue passieren lassen und den nächsten planen, ihnen etwas erzählen oder vorlesen und ihre weltbewegenden Fragen beantworten (»Gibt es einen Gott?«, »Warum leben wir?«, »Können Fische auch weinen?«, »Woher kommen die Kinder?«) oder auf ihre Sorgen und Ängste eingehen. Kinder brauchen Zeit, also Zeit des Zusammenseins mit ihren Eltern. In den ersten Lebenstagen muss Mama eigentlich immer bei ihrem Kind sein, später kann sie das Zeitbedürfnis des Kleinkindes über den Tag hinweg befriedigen, indem sie sich vor allem nachmittags und abends kümmert; beim älteren Kind muss die Zeitbilanz über die Woche hinweg stimmen, beim Jugendlichen über den Monat hinweg und beim Heranwachsenden über das Jahr.

Viele Gespräche mit dem Kind entwickeln seine Sprachkompetenz. Die Fähigkeit, zuhören und sich selbst ausdrücken zu können, wird durch die häufige Ansprache des Kindes und durch die elterliche Bereitschaft zum geduldigen Zuhören herausgefordert. Wenn Eltern aus Zeitmangel zu wenig mit ihrem Kind sprechen, wenn sie ihm kaum zuhören und wenn sie selbst sehr unzulänglich oder falsch sprechen oder gar selbst Fäkaliensprache, Ein-Wort-Sätze und Körpersprache bevorzugen, dann wird ihr Kind nicht ausreichend in die Lage versetzt, zu artikulieren, was es meint oder will. Dann wird es gezwungen, ebenfalls auf drastische Ein-Wort-Sätze und auf gewaltreiche Körpersprache auszuweichen, so dass es seinen Willen eher mit Gewalt als mit Argumentieren durchzusetzen versucht. Schnell gewöhnt es sich an Verbalgewalt und an den Verzicht auf das Ringen um die angemessenen Wörter und Sätze. Wer durch vorbildliches Verhalten seinem Kind hilft, mit einem großen Wortschatz und einer stimmigen Grammatik gut argumentieren zu können, macht ihm das Ausweichen auf Sprachgewalt, Körpersprachgewalt, Zerstören und Zuschlagen weitgehend entbehrlich. Das Kind muss sich dann nicht mit Gewalt wehren, weil es über kultivierte sprachliche Mittel verfügt.

Eltern, Kindergärtnerinnen und Lehrer fördern jedenfalls die Sprachkompetenz der Kinder wesentlich mehr, wenn sie anspruchsvoll und kultiviert, also erwachsenengerecht mit ihnen sprechen, als wenn sie kindtümeln oder sich mit Jugendsprache peinlich anzubiedern versuchen.

Dass sich die Männer in der Erziehung aus Angst davor, es könnte missverstanden werden, immer mehr aus den Dimensionen Nähe, Emotionalität und Körperkontakt gegenüber Kindern zurückziehen, schadet auch den Mädchen, vor allem aber den Jungen, zumal wenn gleichzeitig das Wiederaufleben alter Männlichkeitsideale eine Überbetonung von äußerer Härte und Stärke begünstigt, weil cool und Macho zu sein und sich martialisch aus- und aufzurüsten wieder im Trend liegen.

Gewalt ist vor allem männlich, und die Jungen können erst dann wieder mit den Mädchen gleichziehen, sie machen uns erst dann wieder weniger Sorgen als heute noch, wenn wir sie direkt rechtshirnig ansprechen und herausfordern; und das müssen vor allem die Männer in der Erziehung tun, weil sich Jungen auf der Schule nach ihrer Geschlechtsrolle eher mit ihnen als mit den Frauen identifizieren.

Kleinere Jungen brauchen viel mehr Körperkontakt als kleine Mädchen, weil sie krankheitsanfälliger, zerbrechlicher sowie weinerlicher sind und immer ein Stück hinter der Entwicklung der Mädchen hinterherhinken (etwa ein halbes Jahr bis zum elften Lebensjahr). Sie brauchen also ein hohes Maß an liebevoller Väterlichkeit durch ihre Väter, ihre Lehrer und ihre Erzieher und Trainer. Wir müssen den Männern in der Erziehung daher dringend Mut machen, wieder mit Kindern, zumal mit Jungen, zu kuscheln, sie in den Arm zu nehmen, mit ihnen zu balgen, ihnen gegenüber Gefühle zu zeigen, sie zu trösten, mit ihnen zu lachen, bei ihnen auf der Bettkante zu sitzen, mit ihnen zu kochen, zu zelten, zu spielen, zu musizieren, zu singen, zu toben und sie zum Beaufsichtigen jüngerer Geschwister oder Mitschüler oder zur Hausarbeit, also zu sozialen Aufgaben heranzuziehen.

Vor allem müssen wir sie bewegen, zu Elternabenden in Kindergärten und Schulen sowie zu Elternstammtischen zu gehen, ihre Kinder zu windeln und zu füttern, Erziehungsratgeber zu lesen und an einem Kursus »Elternschaft lernen« teilzunehmen. Ganz wichtig ist aber auch, dass wir mehr Männer als bisher motivieren, Kinderpfleger, Kindergärtner oder Grundschullehrer zu werden, damit auch die vaterlos aufwachsenden kleinen Jungen gelegentlich einmal einen Mann zum Anfassen hautnah erleben. Vielleicht hilft dabei ja eine Quotenregelung für Lehrerinnen *und* Lehrer in Grundschulen weiter.

- *Wer Kindern keine Grenzen setzt, belässt sie orientierungsarm und unselbstständig.*
- *In jedem Alter müssen jungen Menschen andere Grenzen gesetzt werden.*
- *Null- bis Dreijährige wollen mit ihrem Urvertrauen von uns geführt werden.*
- *Vier- bis 13-Jährige müssen den gesetzten Grenzen zustimmen können.*
- *Jugendliche ab 14 Jahren sollten die Grenzen selbst aus den Forderungen schließen.*
- *Bei verwahrlosten Jugendlichen muss man mit einer »verbindlichen Unterbringung« wieder ganz von vorn beginnen.*

Die antiautoritäre Erziehung von Alexander S. Neill im englischen Summerhill und in den deutschen Kinderläden war nicht so antiautoritär, wie immer behauptet, die Grenzsetzungen kamen jedoch weniger von den Erwachsenen, als durch die Kinder selbst. Wenn ein Vierjähriger einem anderen Vierjährigen einen Farbeimer über den Kopf stülpte, musste er danach dessen sehr heftige Reaktion aushalten. Vor allem gaben sich die Kinder untereinander sowohl in Summerhill als auch in den Kinderläden selbst deutliche Regeln für ihr Zusammenleben.

Kinder brauchen Grenzen, aber sie brauchen in jeder Altersstufe andere. So wie sie die Grenzen der dinglichen Welt schon im Greifalter und mit ihrem Klettern, Schaukeln, Rollen, Rutschen, Balancieren, Springen, Hüpfen, Kneten und Matschen erfahren wollen, wollen sie auch schon früh die Grenzen, also die Spielregeln des menschlichen Zusammenlebens kennen lernen. Kaum dass die Augen richtig funktionieren, beginnen sie, am Gesicht, am Tonfall und an der Gestik von Mama ablesen zu wollen, was gut, was schlecht und was egal ist. So beginnt ihr Weltbildaufbau.

In den ersten drei Lebensjahren wollen Kinder mit ihrem angeborenen Urvertrauen geführt werden; ihre Erziehung muss dann noch autoritär sein, weil sie die Begründungen für Forderungen und Grenzsetzungen noch nicht wirklich verstehen können. Zu seinem eigenen Schutz ist das Kind im Alter von null bis drei Jahren so gebaut, dass es seinen Eltern einfach nur folgen will.

Von vier bis 13 Jahren brauchen Kinder auch Grenzen, aber sie müssen verstehen, warum diese Grenzen gesetzt werden, und sie müssen diesen Grenzen zustimmen können. In dieser Phase müssen Eltern um Überzeugung im Kind für Herausforderungen und Verbote ringen. Zwar müssen Kinder auch den Grenzübertritt ausprobieren, weil sie Grenzen nur verstehen, wenn sie sie von beiden Seiten her kennen lernen; aber wenn sie den Grenzübertritt wagen, muss es eine Reaktion geben, weil das Kind sonst gezwungen wird, immer weiterzugehen. Oder es lernt, dass es offenbar nicht so viel wert ist wie andere Kinder, wenn man es »grenzenlos« aufwachsen lässt. Schädlich ist, wenn die Grenzen einem Kind zu eng gesetzt werden (ein 13-Jähriger muss um 19 Uhr ins Bett), weil die Gefahr von Neurosen bestehen, wenn sie zu weit gesetzt werden (ein Vierjähriger darf bis 2 Uhr nachts aufbleiben), weil das Kind dann verwöhnt und maßlos wird, oder wenn sie jeden Tag willkürlich und von der Laune der Eltern abhängig anders gesetzt werden, weil das Kind dann mit einem unstimmigen Weltbild orientierungslos bleibt und verwahrlost.

Jugendliche ab 14 Jahren brauchen auch Grenzen, aber die müssen sie aus unseren Begründungen schließen, weil die Forderungen impliziert sind. Wenn sie allerdings zuvor immer mit zu engen, zu weiten oder inkonsequent gesetzten Grenzen aufgewachsen sind, dann muss man mit ihnen wieder die vorherigen Entwicklungsstufen durchlaufen.

Verwahrloste Jugendliche müssen zunächst in die »verbindliche Unterbringung« für nur einige Wochen, damit sie sich an eine neue Bezugsperson binden können. Von der werden sie zunächst autoritär geführt, bis sich so viele Erfolge im Verhalten eingestellt haben, dass die Beziehung in die längere autoritative Phase einmünden kann, in der der Weltbildaufbau durch Rationalisierung (Begründungen durch Erfolge, Verstehen des Sinns der Regeln des Zusammenlebens, Bindung an Normen, Werte und Gesetze, Bindung an die Zukunft mit Motivationen und Perspektiven, Nachholen des Schulabschlusses, Berufsausbildung) nachgereicht wird. In der anschließenden Phase der Begleitung und Beratung »coachen« wir den Jugendlichen auf dem Weg in seine Selbstständigkeit und in die für beide Seiten notwendige Ablösung von uns.

Wer Kindern keine Grenzen setzt, versündigt sich an ihrem Orientierungsbedürfnis, an ihrem Wunsch, die Welt und unser Zusammenleben zu verstehen und sich darin behaupten und durchsetzen zu können. Wer Kindern keine Grenzen setzt, lässt sie allein, belässt sie hilflos und opfert sie den Zufällen der Verführungen einer reizreichen Welt. Ohne Grenzsetzungen wird der Weg in die Selbstständig- und Mündigkeit des jungen Menschen erschwert, so wie er mit Unter- oder Überforderungen statt der sinnvoll dosierten Herausforderungen der Kräfte erschwert wird. In Kindergärten und Grundschulen die Regeln des Zusammenlebens mit den Kindern gemeinsam zu erarbeiten und mit einzelnen schwer gewalttätigen Jugendlichen Verträge abzuschließen ist jedenfalls eine besonders effektive Weise von Grenzsetzungen für junge Menschen, wenn man Gewalt minimieren will.

## KINDER MÜSSEN UNSEREN FORDERUNGEN UND VERBOTEN ZUSTIMMEN KÖNNEN

—  *Ganz früher hat man dem jungen Menschen seine Verhaltensweisen von oben herab verordnet, später hat man ihn überredet, heute kauft man ihn oft.*

—  *Heute muss man junge Menschen von dem überzeugen, was sie tun und lassen sollen.*

—  *Wenn aber ein Jugendlicher auf die schiefe Bahn geraten ist, muss man bei ihm zunächst wieder mit Anordnungen beginnen, danach muss man ihn überreden; und das muss irgendwann in Überzeugungsarbeit, in Beratung und in Ablösung einmünden, damit er schließlich gewaltfrei leben kann.*

Wenn wir wollen, dass Kinder nicht gewalttätig werden, dann müssen wir auf drei Ebenen erzieherisch tätig werden:

›  Kinder sind in Bezug auf ihre Talente und Motivationen derart verschieden, dass wir für jedes Individuum eine andere Art von Erziehung und eigentlich für jedes Kind auch eine andere Schulform, zumindest aber ein anderes Bildungsprogramm brauchen.

> Wir müssen schon kleinen Kindern vom vierten Lebensjahr an helfen, sich angemessen entscheiden, wehren, behaupten und durchsetzen zu können, damit sie über viele Verhaltensalternativen, die ihnen mit Bewertung und Training durch Vormachen und Rollenspiele auch für lähmende Situationen zur Verfügung gestellt worden sind, konfliktfähig werden, so dass sie nicht in Gewalt, Sucht oder Krankheit ausweichen müssen.

> Kinder müssen unserem Führungsstil, der in jeder Altersstufe ein anderer sein muss, und unseren Forderungen und Verboten zustimmen können, weil sie sonst das, was sie tun und lassen sollen, nur dann tun und lassen, wenn wir dabei sind. Wir müssen sie also von den Normen, Werten, Gesetzen und Regeln des Zusammenlebens überzeugen – nicht nur überreden –, auch wenn diese Überzeugungsarbeit oft sehr anstrengend ist und sehr lange dauert. Dazu gehört auch, dass Kinder gegenüber Verlockungen und Verführungen nein sagen können. Nur wenn ein Jugendlicher schon lange auf der schiefen Bahn ist, müssen wir zunächst wieder mit Anordnen beginnen, mit Überreden fortfahren und schließlich zum Überzeugen, Begleiten und Ablösen kommen.

## WIE BAUT MAN KONFLIKTFÄHIGKEIT GEGEN AGGRESSION UND AUTODESTRUKTION AUF?

– *Wenn Alltagskonflikte noch einmal vorgespielt werden und dann gefragt wird, was Täter, Opfer und Zuschauer stattdessen hätten tun können, wenn die vorgeschlagenen Verhaltensalternativen bewertet und die guten erneut vorgespielt werden, dann wächst Konfliktfähigkeit gegen Gewalt.*
– *Konfliktfähigkeit muss genau so mühselig erlernt werden wie Lesen, Schreiben und Rechnen, und das dauert Jahre.*
– *Je jünger Kinder sind, umso leichter lernen sie Konfliktfähigkeit.*

Konfliktfähigkeit muss man genau so lernen wie Lesen, Schreiben und Rechnen, und das dauert mindestens ebenso lange. Vor allem lässt sich aber Konfliktfähigkeit ähnlich wie eine Fremdsprache umso leichter lernen, je jünger das Kind ist.

Die Lübecker Domschule ist deshalb dazu übergegangen, parallel zum sonstigen Unterricht auch täglich eine Viertelstunde Lernen von Konfliktfähigkeit in ihr Tagesprogramm einzubauen. Jeder im Alltag vorkommende kleine oder große Konflikt zwischen Schülern und zwischen Schülern und Lehrern wird zum Anlass genommen, ihn noch einmal per Rollenspiel mit verteilten Rollen zu veranschaulichen.

Dann werden die Schüler der Klasse gefragt, was man als Täter, Opfer und Zuschauer hätte anders machen können, damit dieser Konflikt nicht so gewalttätig ausgegangen wäre. Schon Erstklässler schlagen daraufhin zahlreiche Alternativen vor, die dann jeweils im Klassengespräch, also im »Stuhlkreis« bewertet werden.

Die Vorschläge werden am Ende dahingehend bewertet, ob sie unbrauchbar, gut oder sehr hilfreich sind, um Konflikte zu vermeiden oder zu lösen. Die brauchbaren werden dann wieder per Rollenspiel veranschaulicht, so dass Konfliktfähigkeit auch über Handeln eintrainiert und durch ständige Einübung in Form von zahlreichen Verhaltensalternativen zur Verfügung gestellt wird.

Wenn so etwas täglich gemacht wird, dann nehmen Mobbing, Zuschlagen, Zerstören, Intrigen, Diskriminierung von Einzelnen, Abpressen, aber auch Drogeneinstieg und psychosomatische Erkrankungen deutlich ab, wie die mittlerweile langwierigen Erfahrungen nicht nur an der Lübecker Domschule ergeben haben. Auch das nordrhein-westfälische Landesinstitut für Schule und Weiterbildung in Soest, das an jeweils einer Hauptschule, einer Realschule und an einem Gymnasium in Problemgebieten ein vergleichbares Projekt durchführte, kam zu ähnlichen Ergebnissen, nämlich der Abnahme von Aggressionen und Autoaggressionen. In Nordrhein-Westfalen heißt das Konzept »Werteerziehung über Dilemmata«. Es wird auch eingesetzt, wenn ein Schüler beispielsweise eine Unterschrift gefälscht oder in den Schulkiosk eingebrochen hat.

Den Schülern soll dabei die Möglichkeit gegeben werden, mittels Alternativen ihren Frust anders abzulassen (Punchingbälle, Kraftraum, Kampfsport, Rugby, Argumentieren) bzw. ihr Geld anders zu besorgen (z. B. durch Jobben). Die Opfer werden so gestärkt, dass sie sich erfolgreich wehren können oder dass sie den Konflikt zumindest ausweichend vermeiden können, und die Zuschauer versetzt man in die Lage, sich deeskalierend einmischen oder erfolgreich Hilfe holen zu können. Ihre voyeuristische Lust am bloßen Zuschauen sowie die Freude am Anheizen des Konfliktes soll ihnen damit vergällt werden.

Werteerziehung über Dilemmata kann man auf diese Weise schon im Kindergarten beginnen; auf jeden Fall sollte sie aber in der 1. Klasse der Grundschule starten und zu Hause von den Eltern aktiv begleitet werden. Die Eltern müssen auf Elternabenden umfassend informiert und vorbereitet werden; man sollte ihnen sagen, dass sie lange mit ihrem Kind über erlebte und erwartete Konflikte sprechen müssen, dass sie verschiedene Auswege und Lösungen mit ihrem Kind erörtern, bewerten und durchspielen können, zum Beispiel auf einem langen Spaziergang oder auch in Mußestunden im Kinderzimmer oder durch Vorleben von Konfliktvermeidungsverhalten im Supermarkt.

Eine Lehrerin hat gemeinsam mit zwei Polizistinnen ihre Erstklässler in Hamburg-Billstedt gestärkt, die wochenlang von Zehnjährigen auf dem Schulweg durch eine belebte Einkaufsstraße »abgezogen« worden waren. Die Frage lautete: »Was hätte man tun können, um nicht abgepresst und eingeschüchtert zu werden?« Karl-Heinz fällt ein: »Man hätte doch in einen Laden laufen können, weil dort eine Verkäuferin mit Telefon ist.« Annegret hat die Idee: »Man hätte doch zu dem Fahrer in den Bus springen können, der hat Sprechfunk.« Und Anna-Lena bemerkt: »Man hätte doch eine Taxe anhalten können, als man die Täter am Horizont schon wieder kommen sah; die hätte einen zur Schule, zu Mama oder zur Polizei fahren können.« Alle diese Varianten wurden für gut befunden und wiederholt gespielt; sie stärkten das Selbstgefühl der Schüler dieser Klasse, so dass sie fortan nicht mehr Opfer von Erpressung wurden.


# ERWACHSENE ALS VORBILDER: MODELLLERNEN GEGEN GEWALT

- *Negative Vorbilder und Inkonsequenz verstärken Gewaltbereitschaft.*
- *Heutige Kinder suchen sich ihre Vorbilder mehr in ihrem konkreten Nahraum als*

*in der abstrakten Ferne: Mama, Papa, ihr Lehrer, ihr Trainer und ihr Freund sind ihnen als Verhaltensmodelle wichtiger als Popstars, Sportler und Politiker.*

— *Vorbilder müssen erwünschtes Verhalten nicht nur vorleben, sie sollten dem jungen Menschen auch aktiv helfen, Konflikte zu vermeiden, angemessen zu lösen und sich deeskalierend helfend einmischen zu können.*

Angesichts der Gewalttätigkeit von Erwachsenen muss man sich wundern, dass junge Menschen nicht noch gewalttätiger sind. Zum Glück suchen Kinder zur Zeit ihre Vorbilder mehr in ihrem Nahraum, als das noch vor Jahrzehnten der Fall war. Persönlichkeiten wie Albert Schweitzer, Martin Luther King oder Mutter Teresa spielen heute als Vorbilder nicht mehr eine so große Rolle wie Eltern, Freunde, Lehrer, Geschwister oder Trainer im Sportverein, in dem man aktiv ist. Dieser Bezugsgruppe ist damit eine sehr große Verantwortung zugewachsen.

Die Verantwortung dieser Bezugsgruppe besteht insbesondere darin, dass sie Kindern vorlebt, wie man mit Konflikten umgehen sollte und wie nicht. Dabei kommt es vor allem auf Glaubwürdigkeit an. Wer von Kindern erwartet, was er selbst nicht einhält, wer sich am Telefon von seiner Tochter verleugnen lässt, sie aber für ihr Lügen bestraft, wer vor den Augen seines Sohnes im Supermarkt etwas mitgehen lässt, ihn aber für Stehlen ohrfeigt, wer selbst im Kleinwagen jahrelang in Gegenwart seines kleinen Kindes Kette raucht, so dass es kaum noch Luft kriegt, dann aber schwer empört ist, wenn er dieses Kind im Alter von 13 Jahren mit einer Zigarette erwischt, ist ein denkbar ungeeignetes Vorbild. Ganz besonders gilt das für Eltern, die ihr Kind immer wieder schlagen, ihm aber das Schlagen der kleinen Geschwister verbieten.

Inkonsequenz ist ein zumindest ebenso schlechtes Vorleben wie ein konsequent miserabler Lebensvollzug. Wer Kindern mal etwas durchgehen lässt und es dann wieder verpönt, wer von ihnen fordert, was er von sich selbst nicht verlangt, zeitigt ebenso schreckliche Erziehungserfolge gegen Gewalt wie derjenige, der ständig klaut und auch von seinem Kind wünscht, dass es stiehlt.

Insofern ist ganz eindeutig gesichert, dass nur solche Eltern und Pädagogen ein Optimum an Gewaltlosigkeit bei jungen Menschen zu erreichen vermögen, die genau dieses Optimum selbst vorleben. Sie müssen dem Kind vormachen und ihm dabei aktiv mit

Gespräch, Bewertung und Training helfen, wie man nein sagt und wie man sich angemessen wehren, behaupten und durchsetzen kann, wenn man ein Problem hat oder in eine Krise hineingerät, oder wie man einen Konflikt vermeidet, umschifft oder entschärft, wenn man ihn auf sich zukommen sieht, oder wie man hilft, wenn man andere in einen Konflikt hineinschlittern sieht. Denn zum Aspekt Modelllernen gehört auch, dass Kinder nicht vor allem das Bloß-Gaffen oder Wegschauen einer Ohne-mich-Gesellschaft massenhaft miterleben dürfen, sondern am Beispiel ihrer Eltern, Lehrer, Trainer und liebsten Freunde lernen müssen, wie man sich erfolgreich in Konflikte einmischen kann, ohne dass man selbst Opfer wird und dass für das Problem eine Lösung gefunden wird.

## BEWEGUNG, SPIEL, MUSIK UND SPORT: SINNESSCHULUNG GEGEN GEWALT

- *Sinnesgeschwächte Kinder haben viele Versagenserlebnisse; sie rasten deshalb schneller aus.*
- *Wald-, Watt-, Strand-, Natur- und Sportkindergärten sowie Sinnespfade, Projekte »Sport gegen Gewalt« und »Musik gegen Gewalt« sowie Snoezelen-Räume fördern die Sinnesentwicklung ebenso wie psychomotorische Übungen und die Teilzeitschulen von Präventionslehrern.*
- *Bewegungsmangel ist eine Ursache für Gewalt, und zwar sowohl in Bezug auf die Täter als auch auf die Opfer.*
- *Wahrnehmungsgestörte Kinder sind ungelenk; sie sind derart unfallgefährdet und so wenig selbstsicher, dass sie für die Opferrolle besonders gut taugen.*

Wenn die Sinne eines Kindes nicht richtig angesprochen und herausgefordert werden, dann wird es wahrnehmungsgestört. Wer zu wenige Anlässe zum Zuhören hatte oder wer es gewohnt ist, dass Hören stets mit dem action-reichen farbigen und schnell wechselnden Bild eines Filmes verknüpft ist, kann dem bloßen Wort kaum noch folgen; es überwindet nur schlecht seine Wahrnehmungsschwelle. Ein Kind, das zu wenig draußen im dreidimensionalen Raum gelaufen, gesprungen, gehüpft, gerutscht, geschaukelt, geklettert, gematscht, gebaut und balanciert hat und zu selten mit unterschiedlichsten Materialien wie Holz, Stein, Metall, Lehm, Glas, Plastik, Papier, Pappe, Knetmasse, Sand und Laub, mit unterschiedlichen Farben und Zahligkeiten spielen konnte, hat Probleme mit dem Rückwärtsgehen, mit der Einschätzung von Kräften, Geschwindigkeiten und Entfernungen, mit seinem Gleichgewichtssinn, mit seinem Hautsinn, mit seiner Muskelkoordination und mit der Unterscheidung von Links und Rechts. Es verunglückt leichter als optimal sinnesgeschulte Kinder, ist oft feinmotorisch gestört, lernt nicht ohne weiteres Fahrrad fahren, weil es die Balance schwer hinbekommt, es läuft überall gegen, stößt alles mögliche um und merkt nicht, dass hinter ihm einer steht. Wegen seiner allzu häufigen kleinen Patzer und Niederlagen baut sich dann Frust in ihm auf; das Kind gerät schnell aus seinem inneren Gleichgewicht, rastet leicht aus, braust auf und schlägt dann mit einer geringeren Hemmschwelle, als sie sinnesstarke Kinder haben, zu.

Um die Sinnesentwicklung des Kindes rechtzeitig zu fördern und um bereits diagnostizierte Defizite auszugleichen, gibt es mittlerweile eine Reihe von guten Konzepten, die sich auch gewaltpräventiv bewährt haben:

> In Wald-, Watt-, Natur- oder Strandkindergärten können die Kleinen den ganzen oder zumindest den halben Tag draußen an der frischen Luft die notwendigen dreidimensionalen Bewegungs-, Material- und Sozialerfahrungen machen. Sie gehen dabei mit den verschiedensten Stoffen, Zahligkeiten und Farben um, sie können konstruieren, bauen und demontieren, sie können balgen, laufen, springen, klettern und matschen, rückwärtsgehen und balancieren, allein oder mit anderen spielen, sich gegen unterschiedliche Wetterbedingungen abhärten und alle Sinne zugleich entwickeln, so dass sie wahrnehmungsstark, koordiniert und ausgeglichen geraten.

> In Sportkindergärten spielt die Bewegungserziehung eine noch größere Rolle; dort können auch gezielt bestimmte Übungen gegenüber bestimmten Teilleistungsschwächen wie beispielsweise der feinmotorischen Koordinierungsschwäche forciert werden.

> Einige Kindergärten haben wie der im schleswig-holsteinischen Barmstedt Sinnes-

pfade, über die Kinder kriechen können, so dass ihre Wahrnehmung in Bezug auf unterschiedliche Materialien wie Wasser, Sand, Ton, Gras, Kies, Laub, Metall, Kork, Stein, Holz, Moos und andere Pflanzen differenziert geschult wird. Das nützt vor allem der Entwicklung ihrer Hautsinne.

› Sportvereine bieten Kindern Projekte »Sport gegen Gewalt« an, in denen es um die sinnvolle Kanalisierung von Aggressionen durch körper-, kraft- oder mannschaftssportbetonte Aktivitäten sowie um das Schulen von Kampfsport-Techniken für Notwehrsituationen und zum selbstsichereren Auftreten sowie um das gewaltfreie Sich-Wehren, verknüpft mit einem Verhaltenskodex, geht.

› Musikschulen bieten Projekte »Musik gegen Gewalt« an, in denen vor allem die rechte Hirnhälfte des jungen Menschen mit ihren musischen und kreativen Bedürfnissen gestärkt wird.

› Einige Institutionen und Schulen wie das Hamburger Zentrum für Kindesentwicklung der Kinderärztin Inge Flehmig oder die Hamburger Grundschule Horn bieten »Psychomotorisches Extraturnen« (auch »Motopädie« genannt) an, mit dem in Turnhallen oder anderen Räumen die Sinnesförderung nachgeholt wird, die Großstadtkindern wegen mangelnder Spiel- und Erfahrungsmöglichkeit im Freien oft verwehrt wird. Sie können dort mit vielen Geräten rollen, schaukeln, rutschen, hüpfen, springen, balancieren und rückwärtsgehen.

› Mit Musikmalen, Kneten, der Schulung des Hörens bei geschlossenen Augen, dem Liegen auf einem Tennisball, der mal unter dem Po, mal unter dem Hinterkopf, mal unter der Schulter usw. liegt, werden in »Teilzeitschulen« von Hamburger Präventionslehrern ungewohnte Sinneserfahrungen erlebbar gemacht. Dazu gehört auch das Führen eines Schülers mit verbundenen Augen durch einen sehenden Schüler oder die Methode der »paradoxen Intervention«, bei der Aggressionen mit Humor aufgelöst werden: Einem Achtjährigen der sich weigert, Rechenaufgaben zu lösen, wird gesagt: »Ich weiß, warum du die nicht lösen willst; du kannst das nämlich nicht, weil du noch zu klein bist.« Da dieser Satz vom Lehrer mit einem verschmitzten Lächeln vorgetragen wurde, macht sich der Achtjährige sofort an die Lösung, um seine humorvoll angekratzte Ehre zu retten. Oder der Lehrer schießt auf das Mädchen Annegret zu, zeigt mit dem Finger auf sie und sagt zu ihr: »Du warst das!« »Was war ich?«, fragt Annegret zurück. »Das weiß ich nicht mehr, aber du warst das!«, entgegnet der Lehrer. Sofort löst sich die Situation in Lachen auf, und die Stimmung ist nicht mehr aggressiv. Der Einsatz dieser Methode muss allerdings zur Situation, zur Lehrerpersönlichkeit und zum Kind passen.

› Einige Kindergärten wie der städtische in Westerland auf Sylt haben inzwischen einen »Snoezelen«-Raum. Das Konzept und der Begriff kommen aus Holland. Das Wort »snoezelen« ist eine Kombination aus »snuffelen« = schnüffeln und »doezelen« = dösen bzw. schlummern. In Snoezelen-Räumen steht ein Wasserbett, in das Lautsprecher eingebaut sind, so dass es im Takt der Musik zu schwingen vermag. Die eingespielte Musik ist Entspannungsmusik, der Raum ist schalldicht, er ist abgedunkelt und voller Gerüche und Lichteffekte, die auf zuvor aggressive Kinder, die zum Beruhigen in diesen Raum geschickt werden, tief entspannend wirken.

## DRUCK- UND FESTHALTETHERAPIEN MACHEN KINDLICHE BEDÜRFNISSE STIMMIG

— *Wenn Kinder verhaltensgestört sind, also keinen inneren Halt haben, ist es ratsam, ihnen äußeren Halt zu geben, damit er langsam nach innen hineinstrahlt.*

— *Erziehung ohne Druck gibt es nicht. Inhalt der niederländischen Haltprojekte ist es, junge Menschen erst an einen Raum, dann an einen Menschen und schließlich an Regeln, an ein stimmiges Weltbild und an ihre Zukunft zu binden.*

— *Druck- und Festhaltetherapien können den Weg zur Bindung an sich selbst begünstigen.*

— *Bleibt es jedoch lediglich beim äußeren Halt, erziehen wir allenfalls Duckmäuser und Untertanen.*

Jüngst hat eine amerikanische Studie, deren Ergebnisse in der Zeitschrift »Development Psychology« veröffentlicht sind, herausgefunden, dass kleine Jungen, die extrem unangepasst, frech und aggressiv sind, bei Gleichaltrigen eine hohe Anerkennung genießen, dass ihre Eltern oft ganz stolz auf dieses jungenhafte Verhalten sind (»er ist eben ein richtiger Junge«) und dass selbst Grundschullehrer so etwas noch »niedlich« finden.

Sobald sie älter werden, scheitern aber gerade solche Jungen außerordentlich häufig, denn unsoziales und aggressives Verhalten wird in High Schools und im Berufsleben nicht mehr belohnt.

Mit dieser Diskrepanz haben hierzulande vor allem türkische Jungen Probleme. Das von ihren Eltern zunächst bestärkte Macho-Verhalten treibt diese Jungen später in viele Niederlagen und unter anderem in hilflos um Ausgleich bemühte Gewalt hinein. Ihr innerer Halt ist so schwach, dass sie ihn mit äußerer Stärke zu kaschieren versuchen, so dass sie zunächst äußeren Gegendruck benötigen, damit der dann langsam nach innen hineinstrahlt.

Wenn diese oder andere Kinder in ihrer Hilflosigkeit ausrasten, schlägt Roswitha Defersdorf in ihrem Buch »Drück mich mal ganz fest« vor, sie etwa 20 Sekunden lang fest in den Arm zu nehmen oder cholerische Jugendliche eine kurze Zeit auf den Boden oder an die Wand zu drücken, sofern der Pädagoge körperlich überhaupt dazu in der Lage ist.

Mit dieser Drucktherapie wird immer zweierlei bewirkt:

› Der junge Mensch spürt, dass er zumindest so viel wert ist, dass ein anderer so viel Kraft für ihn aufwendet. Das tut ihm gut, und er beruhigt sich dann durchweg rasch.

› Der zunächst äußerlich gegebene Halt in einer Situation der Haltlosigkeit wandelt sich in einen inneren Halt, so dass die Verhaltensstörung durch bedachtes Reagieren ersetzt werden kann. »Atme erst dreimal durch!« oder »Zähl erst mal bis 20, bevor du etwas tust!« sind flankierende Tricks, um die erforderliche Zeit für die Ausstrahlung des äußeren Halts in Richtung innerer Halt zu gewinnen; eigentlich müsste man diesen Prozess jedoch »Einstrahlung« nennen.

Um Kinder davor zu bewahren, dass sie zunächst anderen und dann auch sich selbst schweren Schaden zufügen, werden sie erst einmal festgehalten und in den starken und deutlichen, aber wohlmeinenden Armen eines anderen Menschen untergebracht, bis sie sich so weit beruhigt haben, dass eine rationale Aufarbeitung des Konflikt möglich wird. Wer keinen inneren Halt hat, braucht zunächst einen äußeren, der durchaus zwanghaft ist. Aber Pädagogik ohne Zwang gibt es nicht.

Bei uns nennt man die an diese Einsicht anknüpfende Strategie auch Festhaltetherapie, in den Niederlanden spricht man von »Haltprojekten«. Dort lässt man die Kinder und Jugendlichen folgenden Stufe auf dem Weg von äußerem zum innerem Halt durchlaufen:

> Erst kommt der Halt von ganz außen in Form eines Hauses und eines Raumes, das oder den man nicht verlassen kann. Das ist »verbindliche Unterbringung«. Man muss die Möglichkeit schaffen, mit dem jungen Menschen zu arbeiten, ohne dass er wieder abhauen kann.

> Dann kommt der Halt durch einen Menschen, der das Kind oder den Jugendlichen festhält, der unausweichlichen Druck ausübt, der also fordert und verbietet. Der junge Mensch merkt: »An dem komme ich nicht vorbei.« Da der Pädagoge bzw. Therapeut aber zwar einerseits bestimmt, andererseits aber auch zugewandt ist, baut sich eine positive Bindung zwischen ihm und dem jungen Menschen auf, vorausgesetzt die »Chemie stimmt« zwischen beiden.

> Auf dieser Bindung zu einer neu gewonnenen Bezugsperson lassen sich dann sowohl Rationalisierung aufbauen, also der Halt in Bezug auf Regeln des Zusammenlebens, auf Normen, Werte und Gesetze, als auch die Bindung an ein Weltbild und die Zukunft, die mit dem Ermöglichen eines Schulabschlusses und einer Ausbildung eingeleitet wird. In dieser Phase erfolgt auch die Konfrontation mit den zurückliegenden schlimmen Taten und Verhaltensweisen, also dem bisherigen »verpfuschten« Leben. Auch dabei geht der Weg vom äußeren Halt (der durch die unausweichliche Resonanz auf das Bisherige erfolgt) zum inneren Halt (»Ja, das war schlecht, und das darf nie wieder passieren«).

> Sobald der innere Halt geschaffen wurde, beginnt die Ablösung vom Erwachsenen, weil der junge Mensch nun auf eigenen Beinen zu stehen vermag.

Übrigens: Wenn in einigen Bundesländern jetzt wieder über die Einführung von »Kopf-noten« für Fleiß, Ordnung, Mitarbeit und Betragen diskutiert wird, und diese in Sachsen seit 1999 wieder gegeben werden, dann erhofft man sich damit, vom äußeren zum in-neren Halt gelangen zu können. Die Gefahr ist jedoch dabei, dass schlechte Lehrer an der Umsetzung scheitern und die Schüler nur zu taktisch geschickten Anpassern, Duck-mäusern, Schleimern bzw. Untertanen missraten.

## WIE MAN REGELN DES ZUSAMMENLEBENS MIT KINDERN ERARBEITET

- *In der Geschichte der Sozialpädagogik wurden immer dann große erzieherische Erfolge erzielt, wenn junge Menschen sich bezüglich ihres Zusammenlebens selbst verwalten durften.*
- *Werden Regeln Kindern bloß übergestülpt, überzeugen sie nicht.*
- *Junge Menschen, die wie Untertanen geführt werden, bleiben länger unmündig; sie neigen zu Vermeidungsverhalten und zum aggressiven Ausweichen.*
- *Wenn Erwachsene soziales Lernen kontrollieren und dessen Richtung bestim-men wollen, können sie das unterschwellige Ausweichen nicht mehr kontrollie-ren.*

Bedeutende Erzieher in der Geschichte der Pädagogik wie Don Bosco, Father Flanagan, Anton S. Makarenko, Alexander S. Neill, Padre Silva oder heute Kari Björkman haben – völlig unabhängig von ihrem ideologischen oder religiösen Hintergrund – als Kernstück ihrer Sozialpädagogik immer die Vollversammlung der von ihnen betreuten jungen Menschen gehabt, auf der die Regeln des Zusammenlebens gemeinsam beschlossen wurden, damit sie dann auch funktionieren.

Kinder und Jugendliche halten sich besonders gut an Gesetze, die sie selbst aufge-stellt haben, weil sie sich eher von Gleichaltrigen als von Erwachsenen beeinflussen lassen. Schulen wären also gut beraten, wenn sie ihre Schulordnung von den Schülern erstellen ließen, allerdings unter der Moderation der anderen Mitglieder der Schulgemeinde, nämlich der Lehrer und Eltern.

Die Bindung von Kindern an selbstgeschaffene Regeln ist schon im Kindergarten möglich, funktioniert aber besonders gut in Grundschulen. Sie erfordert allerdings auch immer Reformbereitschaft, also den flexiblen Wandel, wenn sich die Regeln nicht bewährt haben.

Die Regeln müssen im Gesprächskreis des offenen Unterrichts erarbeitet werden, basierend auf konkreten Vorfällen. Sie werden vorgeschlagen, bewertet, verworfen und verstärkt, ihre Anwendung wird in Rollenspielen veranschaulicht, neu bewertet und durch Wiederholen eingeübt. Danach werden sie aufgeschrieben und ausgehängt. Anlässlich weiterer Geschehnisse werden sie überprüft und eventuell modifiziert.

Alle Erfahrungen mit von Kindern selbst gesetzten und nicht übergestülpten Gesetzen zeigen, dass in der Folge Mobbing und Gewalt und langfristig sogar Krankheit und Drogenkonsum abnehmen oder gar vermieden werden können.

Viele Erwachsene haben Angst, dass sie mit einem solchen Instrumentarium der Selbstregulierung und Selbstbestimmung Macht und Kontrolle sowie den Einfluss auf die Richtung der sozialen Entwicklung einbüßen. Kinder in Untertanenrollen sind für sie handlicher und – wie sie meinen – auch formbarer. Das Gegenteil ist aber der Fall. Die Unterdrückung der kindlichen Selbstregulierung führt zu Vermeidungs- und Ausweichverhalten, also auch zu Mobbing bzw. Gewalt und später zu Regression und Autodestruktion und damit zu einer anderen Form von Kontrollverlust. Wer Kinder bloß an Erwachsenennormen anzugleichen versucht, zwingt sie zu Heimlichkeiten, zu unterschwelligen Aggressionen, die nicht mehr so gut steuerbar sind. Lehrer müssen also in unserer modernen Gesellschaft nicht nur Lernberater in Sachen Bildungspläne sein, sie müssen sich auch als »Coaches« für das Soziale Lernen eignen, wenn sie optimale Erziehungs- und Bildungserfolge erreichen wollen.

Schüler sollten sich gegenseitig mit ihrem Verhalten konfrontierten. Will man ihnen den Weg ebnen, damit sie Kritikfähigkeit, Konfliktfähigkeit, Selbstständigkeit, Teamfähigkeit und soziale sowie politische Mündigkeit lernen können, dann sollten Klassen- und Schülerräte ernst gemeinte Selbstverwaltungsgremien sein und nicht scheinbare Mitverwaltungsorgane in der Art von Sandkastenspielen.

Hoffentlich wird sich das kommunale Wahlrecht vom 16. Lebensjahr an, das beispielsweise Schleswig-Holstein und Niedersachsen eingeführt haben, auf Dauer so positiv auf junge Menschen auswirken, dass sie mit beschleunigten Mündigkeitsprozessen nicht mehr so oft vor den entmündigenden Steuerungsversuchen von machthabenden Erwachsenen gewalttätig ausweichen müssen wie heute noch.

## MIT JUGENDLICHEN VERTRÄGE ABSCHLIESSEN

- *Verträge mit Grundschülern zu schließen ist nicht sinnvoll.*
- *Etwa 80 Prozent der jugendlichen Gewalttäter halten sich an Verträge, weil sie es gut finden, dass man ihnen die Einhaltung eines Vertrages auch zutraut.*
- *Die mit dem Vertrag verbundene positive Außenerwartung bindet Jugendliche ganz neu an sich selbst; die Prognose wird zur Sich-selbst-erfüllenden-Prophezeiung.*
- *Schriftliche und mündliche Verpflichtungen funktionieren als Selbstverpflichtungen.*

In Hamburg hat eine Schulleiterin versucht, mit allen Kindern ihrer Grundschule und deren Eltern Verträge gegen Gewalt abzuschließen. Das musste schief gehen, und es ging schief. Denn erstens ist so etwas bei Grundschülern gar nicht sinnvoll, weil sie die hohe zeitliche Überbrückungsleistung einer derartigen Vertragsbindung in eine weite Zukunft hinein nicht aufbringen können. Und zweitens funktionieren solche »Flächenverträge« deshalb nicht, weil sie für das einzelne Kind nichts Besonderes sind; es ist eben nur eines von vielen Kindern. Die erhoffte Wirkung verpufft in der Masse. Die für Grundschüler angemessene Form, konstruktiv gegen Gewalt zu arbeiten, ist also, dass Regeln für das Zusammenleben in der jeweiligen Klasse von den Kindern erstellt werden.

Allerdings hat es sich als außerordentlich wirksam erwiesen, mit einzelnen besonders schwierigen Jugendlichen, die immer wieder zu Gewalttätigkeiten neigen, eine schriftliche Vereinbarung zu treffen, mit der sie sich beispielsweise gegenüber ihrem Schulleiter verpflichten, fortan nicht mehr zu zerstören, zuzuschlagen, jemanden zu diskriminieren oder Graffitis im Schulgelände zu sprühen. Jugendliche sind eher zur Einhaltung solcher langfristigen Vereinbarungen bereit, sofern dieser Vertrag zunächst einmal nur für sie persönlich und ganz allein gilt und sofern er ganz konkret auf ihre einmalige Lebenssituation zugeschnitten ist.

Kritiker der Vertragsabschlüsse mit Jugendlichen wenden ein, ein derart »lächerliches« Mittel könne nichts gegen Wiederholungstäter in Sachen Gewalt bewirken. Aber in vier von fünf Fällen wirkt ein solcher Vertrag dennoch – und zwar, weil der Jugendliche es zu schätzen weiß, dass man selbst ihm zutraut, diesen Vertrag auch einzuhalten, dass man sich die Mühe macht, eigens für ihn und für seine besonderen Bedingungen ein Papier aufzustellen. Die damit von außen an ihn herangetragene Erwartung, die er als Vertrauensvorschuss empfindet, möchte er nicht so ohne weiteres enttäuschen. Wenn man von ihm so viel hält, dass man an seine Selbstverpflichtung glaubt, dann beginnt auch er, von sich etwas mehr zu halten. Mit dem Vertrag wird also eine Weiche in Richtung auf ein besseres Selbstbild und damit in Richtung erhöhtes Selbstvertrauen, das Gewalt entbehrlicher macht, gestellt.

Die Verpflichtung des Jugendlichen wird nicht nur schriftlich, sondern auch mit einem abschließenden Handschlag und einem mutmachenden Klaps auf die Schulter besiegelt, und der offizielle, ja feierliche Akt, möglicherweise mit Kaffee und Kuchen und einem Blumenstrauß auf dem Tisch beeindruckt ihn ziemlich sicher. Er ist ein vorweggenommenes Erfolgserlebnis, der Weg aus einem zuvor eingefahrenen Gleis und ein Neuanfang zu einem anderen, besseren Leben ohne Gewalt zugleich. Die Erfolgsquote von etwa 80 Prozent gibt den Initiatoren dieses Vertragsmodells im Nachhinein Recht.

Verträge, ob schriftlich oder mündlich, sind also Symbole für neue Bindungen an Normen, Werte, Menschen, Weltbild und Zukunft, und zwar Symbole mit Rückwirkung auf den ehemaligen Täter, der ab dann ganz anders auch an sich selbst im Sinne einer Selbstverpflichtung gebunden ist.

Übrigens können auch Eltern gelegentlich einen Vertrag mit ihrem Sohn oder ihrer Tochter im Jugendalter abschließen. Allerdings darf sich dieses Mittel nicht durch allzu häufigen Gebrauch abnutzen. Wenn so etwas einmal aus Anlass eines besonders schwerwiegenden Vorfalls gewagt wird, kann ein solcher Vertrauensvorschuss im Sinne der Sich-selbst-erfüllenden Prophezeiung zum Erfolg führen; der Jugendliche hält den Vertrag ein, weil dessen äußere Verbindlichkeit bis zur inneren Selbstverpflichtung hin ausstrahlt bzw. in ihn hineinstrahlt.

## DAS ANTI-AGGRESSIVITÄTS-TRAINING GEGEN GEWALT

- *Wenn Jugendliche mit ihren schlimmen Taten durch Gleichaltrige massiv konfrontiert und auch körperlich bedrängt werden, wirkt das am ehesten friedenstiftend und verändernd.*
- *Mit dem A-Training der Jugendanstalt Hameln und dem Kriseninterventionsprogramm der Schule für Erziehungsschwierige in Bad Bentheim lässt sich auch bei harten Jungs das Motto »Totreden ist besser als Totschlagen« erfolgreich umsetzen.*
- *Mit dem Coolness-Training auf dem heißen Stuhl lernen junge Menschen, auch Provokationen ohne Gewalt standzuhalten.*

Dass Gewaltlosigkeit sich auch einüben lässt, wissen wir zum Glück mittlerweile selbst von den allerschlimmsten Fällen. Aber wahrscheinlich ist es so, dass der Schläger erst dann bereit ist, fortan auf Schlagen zu verzichten, wenn er sich mit diesem Verhalten selbst sehr unwohl fühlt, so wie Drogenabhängige erst dann zum Ausstieg aus ihrer Sucht bereit sind, wenn ihnen ihr Leiden unerträglich groß geworden ist. Das Unwohlsein des Schlägers und seine Ausstiegsbereitschaft können vor allem dadurch erhöht werden, dass man ihn massiv mit dem Unmut von Gleichaltrigen, die in einer ähnlichen Lage wie er waren oder sind, konfrontiert. Denn Gleichaltrige können sehr viel erfolgreicher verändernd einwirken als Berufspädagogen oder Psychologen, deren Aufgabe eigentlich nur darin besteht, die Konfrontation optimal zu coachen.

In der Jugend(straf)anstalt Hameln haben Jens Weidner und Michael Heilemann schon vor vielen Jahren ihr »A-Training« erfunden – ein Insiderbegriff für Anti-Aggressivitäts-Training. In einem neunmonatigen Kurs werden einige freiwillige jugendliche und heranwachsende »Knackis«, die zu langwierigen Haftstrafen aufgrund schwerer Raub-,

Körperverletzungs- oder Tötungsdelikte und als Wiederholungstäter verurteilt sind, »auf dem heißen Stuhl« mit den schlimmsten ihrer Taten konfrontiert. Ihre Gegenüber sind andere Straftäter, die im Training genauso weit sind wie sie selbst, junge Menschen, die dieses A-Training schon erfolgreich abgeschlossen haben, und Pädagogen und Psychologen. Die Gewalttäter werden körperlich bedrängt, dadurch, dass sie in der Mitte sitzen und alle anderen möglichst dicht um sie herum, dass sich viele der Akteure in ihrem Rücken befinden, dass an der Kleidung gezupft wird, dass der Kopf zum Gesprächspartner hin ausgerichtet wird und dass sie für ihre Taten beschimpft werden: »Du feiges Schwein, wie konntest du einen Behinderten nur wegen 20 Mark aus dem Rollstuhl kippen?«, »Wie schwach von dir, dass du dich an Wehrlosen auslässt!« Das macht Eindruck. Wörter wie »schwach« und »feige« treffen, sie verletzen die Ehre. Irgendwann, auch weil alle gleichzeitig auf den Delinquenten einreden, wird er immer leiser, nachdem er anfangs noch behauptete: »So war es gar nicht, wie die Polizei aufgeschrieben hat«. Die Prozedur beginnt stets mit der Bagatellisierung und Selbstrechtfertigung, dann wird das Selbstbewusstsein angeknackst, die Stimme wird leiser und stockender, schließlich dann kommt der Zeitpunkt, an dem der junge Mensch mit rotem Kopf kleinlaut zugibt: »Ja, das war nicht in Ordnung.« Am Ende muss er vorschlagen, wie er sich die Wiedergutmachung beim Opfer vorstellt, und sei es symbolisch. Zwischendurch werden übrigens immer wieder motorische Entspannungsübungen eingebaut, um Druck ab- und ein neues Verhältnis zum eigenen Körper aufzubauen.

Aber auch in Schulen lässt sich in weniger schwierigen Fällen ein ähnlicher Erfolg erzielen. In der Schule für Erziehungsschwierige im niedersächsischen Bad Bentheim wird die Methode des Anti-Aggressivitäts-Trainings »auf dem heißen Stuhl« benutzt, um Jugendliche am Ende zur Wiedergutmachung und zum Versprechen gegenüber allen Umsitzenden und sich selbst, so etwas nie wieder zu tun, zu veranlassen. Die Bindung an eine gewaltlose Zukunft wird dabei per Handschlag mit allen am Training beteiligten Personen, also Jugendlichen und Erwachsenen, besiegelt.

Der Leiter dieser Schule sagt dazu, dass man auf Seiten der Pädagogen erst lernen musste, dass die in den letzten drei Jahrzehnten vorherrschende bloße Verstehenspädagogik nicht ausreiche, um junge Menschen von ihrer Gewalttätigkeit abzubringen, sondern dass diese dringend um eine Konfrontationspädagogik erweitert werden müsse, damit eine Einstellungs- und Verhaltensänderung per Überzeugung auch auf Dauer erreicht werden kann. »Kriseninterventionsprogramm« oder »Coolness-Training« nennt man diese neue aus Verstehen und Konfrontieren kombinierte Pädagogik. Und zu ihr gehören auch die »Provokationstests«, mit denen überprüft wird, ob das Lernziel wirklich erreicht ist. Der in der Mitte sitzende junge Mensch wird auf das Schlimmste angemacht und beschimpft; normalerweise hätte er früher sofort zurückgeschlagen. Aber nun verfügt er trainingsbedingt inzwischen über Verhaltensalternativen, mit denen er jetzt anders auf Krisen, Versagenserlebnisse, Niederlagen, Konflikte, Probleme oder Provokationen reagieren kann, also zum Beispiel über die Fähigkeit des Argumentierens. In Hameln benennt man das Lernziel des A-Trainings deshalb auch mit der Formel: »Totreden ist besser als Totschlagen«.

Die Schule für Erziehungsschwierige in Bad Bentheim hat mit ihrem massiven Kriseninterventionsprogramm die Zahl der Gewalttaten ihrer Schüler auf weniger als die Hälfte zurückfahren können, und – was der entscheidende Erfolg ist – wirklich schlimme Gewalttaten kommen dort so gut wie gar nicht mehr vor. Voraussetzung dafür war allerdings ein Konsens im Lehrerkollegium, stets sofort und direkt zu intervenieren, Täter und Opfer bis zur Neige der Klärung des Konflikts total ernst zu nehmen und jeden Streit noch am selben Tag zu lösen und zu einem Ausgleich zu führen.


## DIE KONFRONTATION MIT DEN FOLGEN DER GEWALT: DER TÄTER-OPFER-AUSGLEICH

- *Der Täter-Opfer-Ausgleich holt das Opfer aus der Anonymität und die Tat aus der Abstraktion.*
- *Er verlangt vom Täter eine Läuterung und entlastet das Opfer im Sinne einer ausgleichenden Gerechtigkeit.*
- *Während des Täter-Opfer-Ausgleichs wird auch der Täter zum Opfer.*
- *Der Täter-Opfer-Ausgleich reduziert die Gefahr des Rückfalls, und er wirkt präventiv auch auf die Peer-Group des Täters.*

Das Konzept des Täter-Opfer-Ausgleichs ist sehr einfach und sehr erfolgreich. Es ist von Polizisten, Staatsanwälten und Jugendrichtern entwickelt worden und hat drei Absichten:

> Der Täter soll sehen, was er angerichtet hat.
> Das Opfer kommt aus der Anonymität und die Tat aus der Abstraktion heraus.
> Der Ausgleich besteht darin, dass der Täter belastet und das Opfer entlastet wird.

Mit dem Einverständnis des Opfers und seiner Angehörigen wird der Täter von der Polizei zum Beispiel an das Krankenbett seines Opfers geführt. Dort ist er mit den Schmerzenslauten, dem Blut, den Verletzungen und den irreparablen Schäden sowie den weinenden Angehörigen konfrontiert. Er wird also nachträglich zum Einfühlen und Mitleiden gezwungen; das belastet ihn.

Die an einem Unbekannten ausgeübten Tat wird plötzlich für den Täter konkret, so dass er unter Umständen selbst leidend wirkt, was dem Opfer eine Form von Genugtuung bringt: »Wenigstens hat er nun erlebt, dass seine Tat über die geraubten 20 Mark hinaus noch weitere und viel schlimmere Folgen hat.« Oft setzt damit beim Täter ein heilender Läuterungsprozess ein, der die Gefahr der Wiederholung mittels Abschreckung reduziert. Manchmal entsteht auf diese Weise sogar eine emotionale Beziehung zwischen Täter und Opfer. Auf jeden Fall muss der Täter-Opfer-Ausgleich aber immer in eine Art Wiedergutmachung einmünden, und wenn das kein automatisches Bedürfnis des Täters ist, muss der Richter dafür sorgen. Das Schlimmste lässt sich damit auch nicht mehr gutmachen, aber zumindest kann der entstandene materielle Schaden etwas oder ganz wieder ausgeglichen werden, oder es sind symbolische Ausgleichsbemühungen gegenüber dem Opfer, seiner Familie oder der Gesellschaft möglich.

Wenn wir es mit dem Opferschutz ernst meinen, dann muss eigentlich als Folge einer jeden Straftat so etwas wie ein Täter-Opfer-Ausgleich stattfinden, auch bei Gewaltdelikten in der Schule. Die Praxis unseres Rechtsstaates ist jedoch leider oft immer noch so, dass das Opfer nicht einmal erfährt, wie der Täter bestraft worden ist. Wenn Jugendliche, die jemanden schwer zusammengeschlagen haben, nicht erleben, was sie konkret bei ihrem Opfer, in seinem Umfeld und für dessen Zukunft angerichtet haben, und wenn ihre Gerichtsverhandlung erst anderthalb oder zwei Jahre nach der Tat beginnt, dann bleibt ihre Tat für sie wahrlich abstrakt, dann bleibt ihr Opfer für sie völlig anonym. Und damit begünstigen wir sowohl die Bagatellisierung der Tat und die Selbstrechtfertigung des Täters als auch die Wiederholungsgefahr, und das ist das Gegenteil von Gewaltprävention.

Der Täter-Opfer-Ausgleich hingegen verändert nicht nur den Täter, er strahlt auch positiv auf seine Freunde bzw. seine Peer-Group aus, wenn er von seiner Begegnung mit seinem Opfer und seinem dadurch bewirkten eigenen Leiden berichtet oder wenn seine daraus resultierende Wandlung in seinem veränderten Verhalten offensichtlich wird.

## MITTERNACHTS-FUSS- UND BASKETBALL ALS VENTILE

- *Mit ehemaligen Sport-Stars, die selbst den Weg aus dem Sumpf bis in die höchsten Erfolgshöhen geschafft haben, identifizieren sich Jugendliche leicht und mit positiven Effekten.*
- *Mitternachts-Fuß- und Basketballturniere reduzieren Straftaten, momentan und auch auf Dauer.*
- *Sie kanalisieren nicht nur Aggressionen, sondern schaffen auch eine neue Akzeptanz von Regelwerken.*
- *Indem sie legale Erfolge ermöglichen, werden illegale Scheinerfolge unattraktiver.*

Das Gymnasium Billstedt in Hamburg liegt in einem relativ problematischen Stadtteil, in dem Jugendgewalt nicht gerade selten ist. Also hat man an dieser Schule das »BE-Projekt« eingerichtet. B steht für Basketball und E für Englisch. Ein ehemaliger Profi der NBA, der US-Basketball-Liga, bietet den Schülern an, dass er ihnen sowohl Englisch beibringt als auch Basketballspielen. Für sie ist er ein Idol, sie identifizieren sich mit ihm; er kann ihre Aggressionen auf diese Weise binden und sinnvoll in den Sport hinein kanalisieren, auch weil er ihnen berichtet, dass er den Aufstieg aus einem gewaltreichen Jugendmilieu bis in die höchsten Ebenen des sportlichen Erfolgs hinein geschafft hat.

In Hamburg-Lohbrügge gibt es sehr viel rechtsradikale Jugendgewalt. Die Polizei konnte sie aber teilweise auffangen, indem sie – ebenfalls mit Hilfe eines Ex-NBA-Profis dunkler Hautfarbe – seit einiger Zeit einmal pro Woche in einer Turnhalle mitternächtliche Basketballturniere für alle interessierten Jugendlichen des Stadtteils und des weiteren Umfeldes anbietet. Die polizeilichen Statistiken belegen seitdem, dass jeweils in dieser Nacht deutlich weniger Straftaten von Jugendlichen begangen werden und dass es darüber hinaus noch den gewünschten Langzeiteffekt gibt, dass Jugendgewalt in Lohbrügge auch im allgemeinen, also über den Turniertag hinaus, abgenommen hat.

Mit dem gleichen Ziel und Effekt bietet auch die Magdeburger Polizei mehrmals im Monat Mitternachts-Fußballturniere an.

Mit solchen Sportturnieren werden nicht nur frustabbauende und aggressionskanalisierende Ventile über zugestandene Körperkontakte zur Verfügung gestellt. Sie ermöglichen jungen Menschen zugleich alternative Erfolgserlebnisse, über die sie ein besseres Verhältnis zu ihrem Körper und zu ihrem Ich gewinnen, über die sie positive soziale Erfahrungen machen und über die die Bedeutung von Regeln und Grenzen, an die sie sich zum Gelingen ihres »körperbetonten« Mannschaftsspiels halten müssen, eine neue Interpretation erhält. Sie erfahren am Beispiel des Sports, dass man auch mit der Akzeptanz von Regeln tüchtig und beliebt werden und einen Ansehenszugewinn erreichen kann. Vor allem erleben sie aber dadurch, dass sie sich mit Erfolgen innerhalb der Grenzen von Regeln wesentlich besser fühlen als mit Scheinerfolgen, die sie außerhalb der gültigen Normen, Werte und Gesetze erzielen. Das tut ihnen derart gut, dass sie fortan eher geneigt sind, auf Gewalttätigkeiten zu verzichten, zumal wenn sie am konkreten Lebensweg eines Ex-Stars leibhaftig bestätigt finden, dass auch aus dem Sumpf noch immer ein Weg heraus und nach oben möglich ist.

## KNASTHOSPITATIONEN ZUR ABSCHRECKUNG

— *Schließt man jugendliche Gewalttäter einen Tag lang in Vollzugsanstalten ein, damit sie eine Vorstellung vom Leben hinter Gittern bekommen, dann sind sie danach nur kurz kuriert, keineswegs aber auf Dauer.*

– *Nur ein einziger Tag im Knast ist eine zu geringe Erfahrungs- und Lerndosis, um eine langfristige positive Verhaltensänderung zu bewirken. Die anfangs deutlichen Eindrücke werden bald wieder verdrängt.*

Dieses Kapitel lässt sich besonders kurz abhandeln. Denn Knasthospitationen sind zwar gut gemeint, aber ziemlich wirkungslos, außer vielleicht bei Jugendlichen, die ohnehin nicht zu Gewalttätigkeiten neigen.

Angeregt von einem entsprechenden Experiment in New York kam die Hamburger Justizsenatorin Lore Maria Peschel-Gutzeit auf die Idee, jugendliche Mehrfach- oder Rückfalltäter durch Jugendrichter dazu verurteilen zu lassen, einen Tag in einer Vollzugsanstalt zu hospitieren. Sie sollten mit den Strafgefangenen sprechen und miterleben, wie sie den Tag verbringen, sehen, wie sie sich fühlen, und hören, was sie zu ihrer Vergangenheit und ihrer Zukunft, aber auch zu ihren Opfern zu sagen haben.

Diese Nähe zu den Folgen von Straftaten soll abschreckend wirken; aber wir wissen mittlerweile aus New York, dass diese Abschreckung nicht wirklich funktioniert:

› Hält man so einem Hospitanten nach zwölf oder 14 Stunden Knasterfahrung ein Mikrofon unter die Nase, erklärt er kreidebleich: »Nun weiß ich, wie schrecklich die Folgen einer Verurteilung und der Strafvollzug sind; ich werde nie wieder etwas Schlimmes tun.«

› Aber am nächsten Tag relativiert er bereits: »Wahrscheinlich werde ich nie wieder etwas Schlimmes tun.«

› Und am darauf folgenden Tag tut er genau wieder das Schlimme, mit dem er sich zuvor die Knasthospitation eingebrockt hatte.

Ein lediglich einmaliger Eindruck nur eines einzigen bedrückenden Tages hinter Gittern zeitigt offenbar noch keineswegs die erstrebten Dauererfolge. Schließlich benötigt man in der Jugendanstalt Hameln immerhin neun Monate, um über das Anti-Aggressivitäts-Training die gewünschten langfristig wirksamen Verhaltensänderungen bei etwa zwei Dritteln der Teilnehmer zu erzielen.

# AUFBAU VON BINDUNGEN AN MENSCHEN, AN EIN WELTBILD UND AN DIE EIGENE ZUKUNFT

- *Wenn diese drei erwünschten Bindungsarten, die vor Verwahrlosung schützen, nicht gegeben sind, sucht der junge Mensch Ersatzbindungen in Form von »schlechtem Umgang«, in Ideologien, Sekten oder in anderen destruktiven Nischen und eine Zukunft jenseits der Legalität.*
- *Die drei lebensnotwendigen Bindungen lassen sich mit hohem Engagement auch noch im Jugendalter nachträglich herstellen.*

Wir sind in den vorherigen Kapiteln bereits darauf eingegangen, aber der Vollständigkeit halber muss es hier noch einmal unter den erfolgreichen Handlungskonzepten gegen Gewalt aufgeführt werden:

Alle Menschen, also auch Kinder, haben drei Arten von Bindungsbedürfnissen. Wenn ihnen eine davon oder zwei oder alle fehlen, begeben sie sich auf die Suche nach Ersatzbindungen. Alle brauchen:

› die Bindung an zumindest einen Menschen (Bezugsperson), besser sind aber mehrere. Wenn ihr Bezugspersonenbedürfnis, zu dem auch das Familienbedürfnis gehört, unstimmig bleibt, begeben sie sich auf die Suche nach Ersatzpersonen, und die sind ihrer Persönlichkeitsentwicklung eventuell abträglich (»schlechter Umgang« sagen wir). Letztlich ist dann keine Nische abartig genug, um nicht wenigstens dort noch Geborgenheit, Solidarität, Anerkennung und Ersatzerfolge zu finden. Wer kein Familienleben hat, sucht sich daher zunächst Halt in einer Jugendbande.

› Alle jungen Menschen brauchen die Bindung an ein Weltbild, an Normen und Werte, die ihnen Orientierung geben. Das kann auch eine Religion oder ersatzweise eine Ideologie oder eine Subkultur, aber auch eine esoterische Mode sein. Skinheads, Neonazis, Grufties, okkultistische oder »Schwarze Messen« initiierende Satanskultgruppen bieten Weltbildersatz, eventuell aber auch eine Sekte oder Handlungen wie Gläserrücken, Pendeln oder das Legen von Tarotkarten.

> Alle jungen Menschen brauchen die Bindung an ihre eigene Zukunft, also Motivationen, Perspektiven oder einen Lebensplan. Wenn sie das nicht haben, weichen sie aus in Traumwelten, Phantasien oder Utopien mit völlig unrealistischen Perspektiven, oder sie driften in die Drogenszene ab.

Wenn diese drei Bindungen erzieherisch nicht in die allgemein erwünschten Richtungen hin aufgebaut werden konnten und der junge Mensch »aus dem Ruder gelaufen« ist, dann muss mit hohem pädagogischen Aufwand eine Weichenstellung eingeleitet werden:

> Jugendliche ohne oder mit für ihn misslichen Bezugspersonen bezeichnen wir als bindungslos oder verwahrlost. Ihnen muss eine Bezugsperson geboten werden, zu der Sympathie möglich ist, die permanent ansprechbar ist, die also rund um die Uhr familienersetzend mit dem jungen Menschen zusammenlebt, die fordert, deutlich ist und verbietet, die also autoritär und liebevoll zugleich beginnt, und die dann langsam zum autoritativen Führungsstil, der um die Zustimmung des Kindes oder Jugendlichen ringt, übergeht.

> In der autoritativen Phase beginnt der neue Weltbildaufbau. Der junge Mensch wird dabei an gesellschaftlich erwünschte oder akzeptierte Normen, Werte, Regeln und Gesetze per Erfolg und Überzeugung gebunden.

> Dann folgt die Bindung an die Zukunft: Der Jugendliche macht nachträglich den Hauptschulabschluss und beginnt eine Berufsausbildung; später wird ein zufriedenstellender Job gesucht, und es wird begünstigt, dass eine eigene Wohnung und eine Freundin oder ein Freund gefunden werden, die oder der als neue Bezugsperson für eine gewaltfreie Zukunft und für das Etablieren in der Gesellschaft taugen.

# WIE MAN ERFOLGSERLEBNISSE GEGEN GEWALT GESTALTET

— *Die Anerkennung durch nur wenige Gleichgesinnte in einer Randgruppe und die Ersatzbefriedigung sind kein Ausgleich für den gesellschaftlich erwünschten Erfolg.*

— *Kinder sind geborene Lerner, und sie wollen allen anderen Menschen gefallen. Beides kann man auch dann wieder aufleben lassen, wenn es bereits verschüttet war.*

— *Auch der schlimmste Gewalttäter kann wieder auf den gewünschten Weg gebracht werden; wir müssen organisieren, dass er möglichst oft herausgefordert wird.*

Gewalttätige Jugendliche sind »erfolgreiche« Schläger, Mobber, Zerstörer, Räuber und Diebe, weil sie in den gesellschaftlich anerkannten Leistungsbereichen zu oft versagt haben, zu viele Niederlagen einstecken mussten. Sie sind in gewohnheitsbedingten Teufelskreisen drin, aus denen sie nur herauskommen können, wenn wir ihnen helfen, von uns erwünschte oder akzeptierte Erfolge zustande zu bringen.

Jedes Kind wird als Lerner geboren, und es möchte eigentlich anderen Menschen gefallen. Wer aber weder tüchtig noch beliebt ist, weicht auf das verbliebene Mittel aus, und das ist dann oft Stärke. Mit Zuschlagen und Zerstören kann man schneller auf sich aufmerksam machen, seinen Willen durchsetzen oder Anerkennung bei einigen wenigen Gleichgesinnten finden. Und wenn auch das nicht gelingt, dann staut sich jahrelang Frust auf, der erst in die Verhaltensstörung führt und sich dann oft in einer gewaltigen und Aufmerksamkeit erregenden Explosion entlädt.

Dabei sehnt sich jeder junge Mensch eigentlich nach gesellschaftlicher Anerkennung. Funktioniert das nicht, macht er mit Gewalt auf sich und seine »Leistungen« aufmerksam, was bei seinen Gleichgesinnten für Respekt sorgt. Und das ist für ihn schon mal mehr als gar nichts.

Wir müssen also bei Gewalttätern sehr genau hingucken, wo bei ihnen ein Ansatz für gesellschaftlich erwünschte Erfolge besteht. Irgend etwas Gutes kann nämlich jeder. Das dicke Kind, das beim Wählen der Mannschaften im Sportunterricht immer bis zuletzt übrig bleibt, das nicht singen und rechnen kann, ist vielleicht zu großen sozialen Leistungen fähig. Der schwache Schüler ist vielleicht ein hervorragender Torewerfer beim Handball. Derjenige, der viel zu oft lügt und klaut, kann eventuell ausgezeichnet gut zeichnen, usw.

Lehrer, die einen oft gewalttätigen Schüler haben, der auch noch Außenseiter in der Schülergruppe ist, finden immer einen Schlüssel, um so einen Jungen dennoch auf Erfolgskurs zu bringen. Sie müssen nur organisieren, dass er das, was er kann, möglichst oft anbringen darf. In dem Maße, wie das gelingt, kommt es zum Frustabbau, wächst das Selbstvertrauen unter dem Motto »Ich kann doch etwas, und das wird auch benötigt; ich bin also nicht völlig nutzlos« und steigt auch das Ansehen in den Augen der Mitschüler: »Für irgend etwas ist er ja doch gut«.

Dieses Organisieren von Erfolgserlebnissen gegen Gewalt funktioniert vor allem deshalb, weil die Anerkennung durch nur wenig Gleichgesinnte in einer Randgruppennische und die Ersatzbefriedigung selten einen Ausgleich für breitestmögliche Anerkennung darstellen können.

## VERHALTENSALTERNATIVEN WANDELN DIE TÄTER

- *Täter bleiben gern auf eingelaufenen Wegen, sie haben sich an Gewalt gewöhnt.*
- *Verhaltensalternativen müssen eintrainiert werden, damit sie in jeder Situation zur Verfügung stehen.*
- *Wenn Gewalt von Gleichaltrigen als innere Schwäche deklariert wird, dann beginnt ihre Verpönung, weil die Verknüpfung von Gewalt mit Feigheit an die Ehre geht.*

Eigentlich ist Gewaltprävention einfach; wir müssen nur zweierlei tun:

> Wir müssen die Art von Gewalt, an die die jungen Menschen sich gewöhnt haben, durch Gleichaltrige konfrontativ verpönen,

> und wir müssen den Tätern sinnvolle Verhaltensalternativen auch für besonders kritische Situationen zur Verfügung stellen, damit sie nicht mehr länger in solchen Konflikten nur das tun, was Papa oder die Freunde vorleben.

Wenn das Verhalten der Täter in Konfliktsituationen von seinem gleichaltrigen Umfeld als feige, schwach und unangemessen entlarvt wird, dann geht das an die eigene Würde. Niemand will in den Verdacht kommen, dass er nur deshalb zuschlägt, weil er innerlich schwach ist.

Andererseits hat der Jugendliche bisher nur zugeschlagen, weil ihm nie etwas anderes vorgelebt wurde und weil er sich an dieses Schlagen längst gewöhnt hat und es instinktiv einsetzte. Also müssen Verhaltensalternativen aufgezeigt werden, sie müssen für den Einsatz in ganz unterschiedlichen Lebenslagen (durch Gleichaltrige) bewertet werden (»das ist schlecht«, »das ist eventuell gut«, »das ist hervorragend«), und sie müssen durch häufige Wiederholung verinnerlicht werden, damit sie in jeder Situation zum Einsatz kommen können. Denn besonders gut lernt man, wenn sich das zu Lernende über Handeln einprägt. Schulische Rollenspiele sind also eine geeignete Methode, damit neue Verhaltensalternativen auch dann zur Verfügung stehen, wenn man plötzlich »mit dem Rücken an der Wand steht«. Denn selbst wenn man zwar theoretisch weiß, dass man auch argumentieren, sich wortlos abwenden, ignorieren, Hilfe holen oder Zeit gewinnen kann, indem man um eine Bedenkzeit bis morgen bittet, rastet man im Ernstfall eventuell doch wie immer aus, weil man »auf dem falschen Fuß erwischt« wurde. Hat der Schüler aber schon ganz oft die Verhaltensalternativen geübt, stehen sie ihm leichter zur Verfügung.

Erfolgreiche schulische Gewaltprävention besteht also darin, dass sich Lehrer schon in der Grundschule täglich die Zeit nehmen, aus Anlass von aktuellen Konflikten mittels Rollenspiele, die Kindern überdies viel Spaß bringen, zu veranschaulichen und einzutrainieren, welche Vielzahl von Möglichkeiten es gibt, um Gewalt zu vermeiden oder sich deeskalierend zu verhalten, und dennoch an das gewünschte Ziel zu kommen.

# DIE STÄRKUNG DER OPFER

- *Der Täter-Opfer-Ausgleich tut vor allem dem Opfer gut.*
- *Opfer signalisieren oft ihre Opferbereitschaft, deshalb müssen sie lernen, notfalls angemessen aggressiv sein zu können.*
- *Da, wo Opfer ihren Schwachpunkt haben, müssen sie auch mal das Verbotene tun dürfen.*
- *Das Opfer muss lernen, die Aggression an den Aggressor zurückgeben zu können.*

Erkenntnisse der Viktimologie, der Lehre vom Opfer, besagen, dass Opfer eine Bereitschaft dazu haben, Opfer zu werden, dass Täter den Opfern ihre Opferbereitschaft anmerken und dass viele Opfer immer wieder Opfer werden.

Das geschieht, weil sich viele Opfer nicht zu wehren wissen. Deshalb legen Opferschutzprogramme, gerade auch solche für Schulen, Wert auf zwei Aspekte:

› Opfer müssen lernen, sich angemessen entscheiden, wehren, behaupten und durchsetzen sowie nein sagen zu können; sie sollten aber in Notwehrsituationen auch aggressiv sein, also bis zu der Grenze gehen, die ihnen erlaubt ist; denn Opfer neigen dazu, sich im Konfliktfall regressiv »in ihr Schneckenhaus« zurückzuziehen.

› Indem sie z. B. in der Schule befähigt werden, sich notfalls wehren zu können, treten sie selbstsicherer auf, so dass sie für die Opferrolle nicht mehr so häufig wie zuvor in Frage kommen.

Potenzielle und tatsächliche Opfer müssen immer genau dort stark gemacht werden, wo sie schwach sind:

› Wer mit sechs Jahren feinmotorisch gestört ist, deshalb ungelenk auftritt und ständig irgendwo gegen läuft bzw. irgend etwas umstößt und deshalb so ausgelacht und gehänselt wird, dass er sich überhaupt kaum noch etwas im Bewegungsbereich zutraut, kann große Fortschritte machen, indem er beispielsweise ein Kickboard erhält, viel damit trainiert und geschickter wird.

> Wer stottert, lernt sein Stottern zu akzeptieren und mit singendem Sprechen (Stotterer stottern nicht beim Singen) und mit häufigem Telefonieren (Stotterer stottern nicht, wenn sie allein und ohne Augenkontakt zum Gesprächspartner sprechen) zu minimieren.

> Kinder mit einer defizitären Sprachentwicklung, die zum Schweigen und zum Rückzug neigen, weil sie sich nicht in ihrer Sprache behaupten können, lernen spracharmes Argumentieren.

> Kinder, die immer verprügelt werden, lernen, zurückschlagen zu können.

> Kleine zarte Mädchen lernen zur Stärkung des Selbstbewusstseins Judo oder Karate.

> Schüchterne Jungen werden bei einem Rugbyverein angemeldet, um über sehr körperbetonten Mannschaftssport Vertrauen in ihre und Mut zu ihrer Wehrhaftigkeit aufbauen zu können.

> Außenseiter lernen, Hilfe holen zu können, indem ihre sozialen und kommunikativen Fähigkeiten geschult werden.

> Wer außengelenkt statt innengesteuert ist, deshalb jedem Trend folgt und leicht verführbar ist, lernt in unterschiedlichen Trainingssituationen das Neinsagen.

Die Stärkung der Opfer besteht also darin, sie gegenläufig zu ihrem Naturell oder ihrer erlernten Rückzugsbereitschaft offensivfähig zu machen. Damit ermöglicht man ihnen ein sichereres Auftreten, das sie schützt, und macht sie bereit, bis an die äußersten Grenzen des Erlaubten zu gehen. So trainiert man mit ihnen vorübergehend auch den Grenzübertritt, den sie noch nie gewagt haben: »Beschimpf mich einmal mit den schlimmsten Wörtern, die dir einfallen!«; »Du darfst mich hauen, und ich wehre mich nicht«. Dieses für sie ungewohnte Neuland gibt ihnen ein ganz anderes Gefühl für Grenzen; denn Grenzen muss jedes Kind auch gelegentlich einmal von der verbotenen Seite her erleben, damit die erlaubte Seite geschätzt und zum eigenen Sich-Wehren auch genutzt wird.

Und wenn dieses alles dennoch nichts hilft, bleibt immer noch, das Kind in denjenigen Anteilen seiner Persönlichkeit zu bestärken, in denen es schon jetzt erfolgreich ist:

»Mach dir nichts draus, dass die anderen dich immer auslachen, dass die Lehrer dich nicht unterstützen, denn du weißt und wir wissen ja, wie viel du wert bist und was du kannst! Später hast du mit diesen Leuten nichts mehr zu tun, und wenn du in der weiterführenden Schule, in einer anderen Klasse und ein paar Jahre älter bist, spielt das, weswegen du heute gehänselt wirst, gar keine Rolle mehr.« Bei dieser Art von Stärkung des Schülers geht es um das Ableiten von Aggressionen anderer ins Nichts oder um den »Return« (tennissprachlich formuliert) der Aggression zurück zum Aggressor (»Dem muss es ganz schlecht gehen, dass er so etwas Feiges tut; wahrscheinlich wird der zu Hause immer geschlagen, der Arme«).

Wenn das Stärken, das Vermeiden, das Ableiten und der »Return« trotz aller Bemühungen nicht funktionieren und sich bereits Hoffnungslosigkeit bei den Eltern und Pädagogen eines Immer-wieder-Opfers breitmachen, ist dennoch nicht alles zu spät. Drei Wege sind dann noch möglich:

› Die Täter werden mit ihren Taten (zum Beispiel auch durch den Täter-Opfer-Ausgleich) konfrontiert, und ihr Handeln wird durch Gleichaltrige verpönt,
› die Opfer lernen, die Aggression des Täters in eigenes taktisches Verhalten umzuleiten; sie wehren sich zwar nicht, aber sie bitten Mitschüler um Hilfe, sie bitten ihre Eltern darum, einen Elternabend mit diesem Thema zu initiieren, sie wenden sich mit Hilferufen an Lehrer, an Schulleiter, an Polizisten oder an andere Erwachsene,
› oder die Zuschauer werden zum Sich-einmischen-Können ausgebildet. Wie das geht, steht im folgenden Kapitel.

## DIE FORTBILDUNG DER ZUSCHAUER ZU KONFLIKTLOTSEN UND STREITSCHLICHTERN

– *Zuschauer sind oft Voyeure oder hilflose Gaffer; sie verstecken sich hinter ihrer Erschöpfung, ihren Ängsten oder ihrer Ohnmacht, oder sie fühlen sich im Angesicht von Gewalt wie in einem Film oder in einer Peep-Show.*
– *Wenn Zuschauer zu Zivilcourage und zu vielen Verhaltensalternativen für den*

*Konfliktfall ausgebildet werden, vermögen sie sich präventiv, deeskalierend und problemlösend einzumischen.*

Die größte Gruppe von den an Gewalt beteiligten Personen ist meistens die der Zuschauer. Sie sind entweder Voyeure, finden es also wie im Kino interessant, belustigend oder spannend, Zeuge bei Gewaltereignissen zu sein, oder sie sind zwar zutiefst betroffen, ängstlich oder mitleidend, wissen aber nicht, wie man sich abwehrend, einmischend oder deeskalierend verhalten kann.

Die Gründe, weshalb viele Gewaltzeugen in der bloßen Beobachterrolle verharren oder lieber wegsehen, sind folgende:

> Einige haben schlichtweg Angst davor, sie könnten selbst etwas auf ihren Kopf bekommen, würden also auch Opfer werden, wenn sie sich einmischen.

> Andere glauben, sie würden die Belastung der Einmischung nicht überstehen, weil sie sich ausgebrannt fühlen, weil sie kein Blut sehen können, oder weil sie sich aus anderen Gründen keine Zusatzbelastung, die sich eventuell durch das Einmischen ergibt, zumuten wollen. So ist ihnen schon der Gedanke, sie müssten in der Folge ihrer Einmischung später als Zeuge vor Gericht erscheinen, zu anstrengend.

> Es gibt Menschen, die aus Angst vor späteren Regressforderungen lieber gar nichts tun.

> Die meisten Zuschauer wären zwar bereit, sich einzumischen oder zu helfen, sie sind aber völlig hilflos und sie bleiben im Angesicht von Gewalt oder von Gewaltfolgen gelähmt; sie erstarren vor lauter Ohnmachtsgefühlen in der Rolle des Gaffers.

Hier setzen die nordrhein-westfälischen Streitschlichter- und die niedersächsischen Konfliktlotsenkonzepte an. Der Zuschauer soll mit Hilfe dieser Strategien in die Lage versetzt werden, sich problemlösend einzumischen. Er wird also vom Voyeur, Angsthasen oder Gaffer fortgebildet zu einem kompetenten Krisenmanager, der über so viele antrainierte Handlungsalternativen verfügt, dass er auch in lähmenden Situationen sofort weiß, ob es besser ist zu argumentieren, zwischen die Kontrahenten zu treten, Hilfe zu holen, abzuwarten, Gremien einzuschalten oder politisch aktiv zu werden.

Zu Streitschlichtern werden sowohl Lehrer ausgebildet als auch Schüler, und zwar in mehrmonatigen Kursen. Anbieter sind beispielsweise die Unternehmensberatungsfirma Dyrda & Partner in Neuss (Nordrhein-Westfalen), die Polizei (Kreis Borken), das Kriminologische Forschungsinstitut Niedersachsen in Hannover mit seinem Leiter Christian Pfeiffer. Außerdem gibt es Seminare in Frankfurt am Main, die mit einem Zertifikat als Anti-Aggressivitäts-Trainer abgeschlossen werden.

Streitschlichter an Schulen werden aktiv, wenn sie Konflikte sehen oder von ihnen hören, sie bieten täglich Sprechstunden an, zu denen Streithähne gemeinsam kommen oder in denen sich hilfesuchende Opfer einfinden können.

Besonders geeignet für die Ausbildung zu Streitschlichtern sind Schüler der Klassenstufen 3 bis 6 sowie 10 bis 13. Mit den Klassen 7 bis 9 hat man bisher nicht so gute Erfahrungen gemacht; allerdings sind sie auch trotz ihrer Pubertätsprobleme dann hervorragende Streitschlichter, wenn sie zuvor, also in den Klassenstufen 3 bis 6 dazu ausgebildet worden sind.

Erfolgreich sind Streitschlichter jedoch immer nur dann, wenn sie authentisch, also selbst vorbildlich in Bezug auf Problem- und Konfliktlösungen sind. Wer selbst gelegentlich gewalttätig ist, ist für andere Schüler nicht glaubwürdig genug, als dass er überzeugender Mediator, Moderator oder Friedensstifter sein könnte.


## DER WEG VON DER MARTIALISCHEN AUSSENWIRKUNG ZUM INNEREN HALT

- *Alle Kinder sind geborene Lerner; erst über viele Niederlagen werden sie zu Lernversagern.*
- *Alle Kinder wollen anderen Menschen gefallen. Erst wenn ihnen das auch auf Dauer nicht gelingt, neigen sie dazu, wenigstens Schicksalsgleichen und Gleichgesinnten mit Gewalt zu gefallen.*
- *Alle Kinder wollen zunächst im gesellschaftlich erwünschten Sinne erfolgreich sein. Erst wenn ihnen das nicht gelingt, begeben sie sich auf die Suche nach misslichen Ersatzerfolgen.*

- *Die martialische Aufmachung steht für innere Schwäche. Mit dem rechtzeitigen oder nachträglichen Aufbau von innerem Halt machen wir das Kaschieren mit äußerer Stärke entbehrlich.*

Warum sich Jungen mittlerweile wieder äußerlich aufrüsten, nachdem das vor 20 Jahren im Zuge der Hippie-Bewegung schon als weitgehend überwunden galt, ist mittlerweile klar:

> Mit ihrer schwachen Brücke zwischen linker und rechter Hirnhälfte und ihrer mangelnden Herausforderung des Emotionalen, Kreativen, Musischen, Sozialen und Kommunikativen bleiben Jungen im Vergleich zu Mädchen innerlich eher schwach. Solange unsere häuslichen Erziehungs- und schulischen Unterrichtsweisen sich vornehmlich auf Rationales, Logisches und Technisches konzentrieren, werden die Jungen eher zu Untertanen geschult. Sie vor allem scheitern an dem Widerspruch von autoritären Erziehungsweisen und den Herausforderungen unserer modernen offenen, demokratischen Gesellschaft, während die Mädchen damit flexibler umgehen und dank zweier Emanzipationsbewegungen in den letzten hundert Jahren mehr Bildungs- und Berufschancen haben als in früheren Zeiten.

> Mit dem Wiederaufleben alter Männlichkeitsideale glauben Jungen heute wieder, sie müssten cool und Macho sein und sich martialisch aufmachen, um mit Imponiergehabe die nötige Anerkennung zu finden. Dahinter steckt die Kaschierung einer inneren Schwäche durch äußere Stärke, ausgedrückt durch Kampfsport, Waffen, Glatzen, Tätowierungen, Piercing und anderes mehr.

> Mit dem Rückzug der Männer aus der Erziehung erleben viele kleine Jungen keine anfaßbare liebevolle Väterlichkeit mehr; stattdessen wird überall um sie herum brutale Männlichkeit überrepräsentiert, auf dem Bildschirm durch ihre Filmhelden und in der Nachbarschaft durch Jugendbanden. Der Rückzug der Männer aus der emotionalen Erziehung wird als Feminisierung der Pädagogik bezeichnet. Mit diesem Begriff sollen jedoch nicht die vielen erfolgreich erziehenden Frauen kritisiert werden, sondern es wird mit ihm bemängelt, dass viele Jungen mit einer Frau, einer Schwester, einer Oma, einer Tagesmutter, einer Kindergärtnerin und nacheinander mit

mehreren Klassenlehrerinnen aufwachsen und dass für manche von ihnen der erste Mann in ihrem Leben, der ihnen einmal so richtig lange zuhört, der Jugendrichter ist. Deshalb fordern immer mehr Zeitgenossen die Schaffung einer eigenständigen Jungenpädagogik, auch weil kleine Jungen viel zerbrechlicher und krankheitsanfälliger als kleine Mädchen sind und weil sie in ihrer Entwicklung bis ungefähr zum elften Lebensjahr etwa ein halbes Jahr hinter den Mädchen hinterherhinken. Sie fordern aber auch eine Quotenregelung in Bezug auf die Lehrergeschlechter für die Grundschulen und dass die Männer in der Erziehung wieder lernen, was sie tun müssen, um sich Kindern ausreichend emotional und mit Körperkontakt zuzuwenden, ohne dass sie Angst vor Fehlinterpretationen haben müssen.

Die Jungen können nämlich erst dann wieder mit den Mädchen gleichziehen, wenn man mit ihnen schmust und liebevoll balgt, wenn man mit ihnen viel spricht und ihnen lange zuhört, wenn man sie zum Musizieren, Malen, Basteln animiert, wenn sie oft mußevoll spielen dürfen, wenn sie auch soziale Pflichten im Haushalt und gegenüber Geschwistern, Großeltern und Nachbarn zu übernehmen haben, wenn sie auch weinen dürfen und wenn man sie bei ihren Nöten tröstet und ihnen Mut macht.

Wir müssen verhindern, dass überhaupt ein äußerer Schutzpanzer aufgebaut wird, oder wir müssen ihn, wenn er schon da ist, aufbrechen, indem wir die Jungen innerlich dafür wappnen, argumentieren zu können, bereit zu sein, Gefühle zu zeigen, mit Verhaltensalternativen, die wir ihnen vorgelebt und mit ihnen eintrainiert haben, angemessen auf Konflikte zugehen oder sie vermeiden zu können, nein sagen zu können, wenn sie Verführungen oder Trends mit ihren Sogwirkungen zu erliegen drohen, und Frust mit Musizieren, mit Entspannungstechniken oder mit Gesprächen ableiten zu können. Indem wir sie in den erwünschten gesellschaftlichen Leistungsbereichen tüchtig und beliebt machen, ermöglichen wir ihnen innere Erfolge, die äußere Härte entbehrlich machen.

Am besten gelingt das alles, bevor eine Gewöhnung an die Mechanismen der äußeren Stärke im Falle von Versagenserlebnissen einsetzt:

> Denn auch kleine Jungen sind geborene Lerner. Erst permanentes Scheitern, dass

wir nicht verhindert haben, macht sie zu Lernversagern, und erst ihre vielen kleinen und großen Niederlagen machen sie zunächst schwierig und dann gewalttätig.

> Auch kleine Jungen haben anfangs das Ziel, anderen Menschen gefallen zu können. Erst wenn ihnen das auch auf Dauer nicht gelingt, bemühen sie sich um Ersatzerfolge. Denn wer es nicht schafft, die eigentlich von außen erwünschten Erfolge zu erreichen, der will wenigstens jenseits des Erlaubten erfolgreich sein – und da gilt für Eltern und Lehrer, gegenzuhalten.


## HÖFLICHKEITSERZIEHUNG GEGEN GEWALT

— *Jugendliche wollen wieder höflich sein können, wenn es darauf ankommt.*

— *Sie haben erkannt, dass es in einer von Arbeitslosigkeit geprägten Welt mehr denn je darauf ankommt, sich angemessen zu kleiden und zu verhalten, wenn man beruflich erfolgreich sein will.*

— *Aus Norwegen wissen wir: Das schulische Prinzip Höflichkeitserziehung kann auf die ganze Gesellschaft friedensstiftend ausstrahlen.*

— *Norwegische Lehrer lernen, wie man Schüler begrüßt und wie man »bitte« und »danke« sagt; sie werden damit zu authentischen Vorbildern der Gewaltlosigkeit. Daran sollten wir uns ein Beispiel nehmen.*


Junge Menschen sind zwar höchst unterschiedlich, aber dennoch lassen sich bestimmte gemeinsame Verhaltensweisen beobachten. Es gibt viele, die ständig auf den Bürgersteig spucken, es gibt solche, die einer gebrechlichen Dame im Bus nicht ihren Sitzplatz anbieten, und es gibt immer noch welche, die nicht »bitte« und »danke« sagen können, die »keine Manieren haben«, wie man sagt.

Jedoch fällt auf, dass Höflichkeit bei Jugendlichen wieder an Bedeutung gewinnt und dass der Markt sich sogleich darauf eingestellt hat, indem »Benimmkurse« für Jungen und Mädchen und auch ein »Kinder-Knigge« angeboten werden.

Der Durchbruch ist damit zwar keineswegs geschafft, denn wir wissen, dass bei den jüngeren Kindern Höflichkeit noch nicht wieder »voll in« ist und dass es bei den älteren

Jugendlichen zunächst mehr um die taktisch geschickte Außenwirkung als um eine im tiefsten Innern verankerte soziale Einstellung geht; aber immerhin, es geht voran.

Jugendliche spüren nämlich, dass es in einer zunehmend von Arbeitslosigkeit geprägten Welt gar nicht so einfach ist, sich zu behaupten und durchzusetzen sowie einen erstrebten Ausbildungsplatz oder Beruf zu erreichen. Sie wissen, dass Erfolg in der Erwachsenenwelt auch von ihrer Sprache, ihrer Kleidung, ihrem Verhalten, ihrer Konfliktfähigkeit und ihrer allgemeinen Sozialkompetenz, also kurzum von ihrem Geschick im Umgang mit anderen Menschen abhängt; und das wollen sie dann rechtzeitig trainieren. Also beginnen sie mit 13 oder 14 Jahren, manchmal auch erst mit 15, sich sehr genau anzusehen, wie sich Erwachsene in bedeutsamen, brenzligen oder auch feierlichen Situationen kleiden, bewegen und benehmen; und wenn sie mit den Verhaltensweisen der Menschen ihres Nahraumes unzufrieden sind, betrachten sie sich vorbildliches Verhalten auf dem Fernsehschirm. Sie möchten unbedingt Startvorteile gewinnen, wenn sie sich um eine Freundin oder einen Freund bemühen, wenn sie auf deren Eltern Eindruck machen wollen und wenn sie sich auf öffentlichem Parkett oder auch in der Arbeitswelt bewegen müssen.

Vor Jahren noch erntete so manch ein Erwachsener nur ein müdes Lächeln oder auch eine unwirsche Zurückweisung, wenn er einen jungen Menschen darauf hinwies, wie »man« Messer und Gabel benutzt, wie »man« sich anzieht, wenn man in eine Opernpremiere geht, wie »man« fremde Gäste begrüßt und welche Jugendsprachcodes »man« tunlichst vermeidet, wenn man sich von einem Personalchef einen Ausbildungs- oder Arbeitplatz erhofft. Heute stellen wir hingegen fest, dass derartige Hinweise wieder durchaus dankbar angenommen werden.

Und so verwundert es nicht, dass ganz viele junge Menschen weitaus besser sind als ihr Ruf und auch als die Erwachsenen an sich. Umfragen haben ergeben, dass Kinder und Jugendliche gerechter sind als diese, dass sie sich mehr grämen als Erwachsene, wenn Tiere nicht zu ihrem Recht kommen oder gar gequält werden, und dass sie oft eher als Erwachsene bemerken, wenn jemand Hilfe braucht. Die drei Hamburger Jungen, die zwei Gleichaltrigen die Handtasche wieder abjagten, die diese gerade einer fast blinden 81-jährigen Dame entrissen hatten, stehen als Beispiele dafür.

Norwegen hat schon vor vielen Jahren damit begonnen, an den Schulen das Prinzip

Höflichkeitserziehung einzuführen. Die Lehrer haben in Fortbildungsseminaren eigens zu dem Zweck, gute Vorbilder sein zu können, gelernt, wie man die Schüler morgens per Handschlag und mit angemessenen Worten begrüßt und nachmittags verabschiedet und welche große Zahl von Möglichkeiten es gibt, »bitte« und »danke« zu sagen. Außerhalb Norwegens hat man zunächst über dieses Projekt gelacht; aber nun ist jeder Schulbesucher mehr als überrascht, wenn er die Auswirkungen auf das Schulklima, die Ästhetik, den Takt und den allgemeinen kommunikativen Umgang mitbekommt. Die Wirkung vollzieht sich von außen nach innen: Erst sieht man den höflichen Umgang der anderen miteinander und dann merkt man, wie gut er einem selbst als Zuschauer und danach als Akteur tut.

Ähnliches stellen unsere Jugendlichen fest: Erst sind sie aus rein taktischen Gründen höflich; und wenn sie dann erleben, wie viel Erfolg sie damit haben, wie viel Positives sie zurückbekommen, dann genießen sie diese neue atmosphärische, ästhetische, emotionale und soziale Dimension so sehr, dass zugleich in ihnen die Überzeugung von der Notwendigkeit des Höflichseins wächst. Demnächst werden wohl auch die jüngeren Kinder und viele Erwachsene davon profitieren: Weil Kinder sich stark an den Lebensformen der Jugendlichen orientieren, werden sie – wie bei allem, was die Jugend vorlebt – auch ihrerseits Geschmack an gestalteter bzw. »gestylter« Höflichkeit finden. Und die Erwachsenen werden sich gewiss ebenfalls einiges an guten Manieren bei der nachwachsenden Generation abschauen.

## EIN NETZWERK DER INSTITUTIONEN: KOMMUNEN SCHAFFEN PRÄVENTIONSRÄTE

- *Präventionsräte sind kommunale Netzwerke sämtlicher mit jungen Menschen befassten Institutionen.*
- *Sie bündeln alle pädagogischen Kräfte vor Ort vorbeugend, aber auch reparierend.*
- *Sie starten Informations- und Aktionsprogramme gegen Gewalt, sensibilisieren für die Früherkennung von Problemen und sorgen für eine aufsuchende bzw.*

*zugehende Pädagogik, mit der die Erziehungskompetenz von Eltern gestärkt zu werden vermag.*

Vor allem aus Schleswig-Holstein wissen wir nach mehrjährigen Erfahrungen, wie produktiv es ist, wenn wir alle Institutionen und Menschen vor Ort, die mit Kindern und Jugendlichen zu tun haben, zu einem kommunalen Präventionsrat vernetzen: Kindergärten, Schulen, Sportvereine, Jugendhilfe, Polizei, Kinderärzte, Schulpsychologen und Politiker sowie Kinder- und Jugendbeauftragte, aber auch Vertreter von Kirchen, der Staatsanwaltschaft und der Richterschaft.

Sie sorgen für öffentliche Informationsveranstaltungen zu den Themen Gewalt und vorbeugende Erziehung, sie initiieren Aktionsprogramme, um Jugendliche von der Straße zu holen, sie organisieren Mitternachts-Basketball- und Fußballturniere, sie führen deutsche und ausländische Jugendliche zu gemeinsamen Projekten oder auch Reisen zusammen, und sie kümmern sich um einzelne immer wieder auffällige junge Menschen oder Gruppen und berufen beispielsweise auch eine Erziehungskonferenz ein, um geeignete Maßnahmen gegenüber einem gewalttätigen Wiederholungstäter oder seiner »Peer-Group« einzuleiten.

Im Sinne der »aufsuchenden« oder »zugehenden Pädagogik« besuchen sie einzelne Eltern, um diese über die Aktivitäten ihres Sohnes oder – seltener – auch ihrer Tochter zu informieren, in Erziehungsgespräche zu verwickeln und um sie zu stärken oder durch Familienhelfer zu entlasten.

Ein Beispiel ist das Projekt »Elternschaft lernen«, das Schleswig-Holstein zur Zeit über seinen Kinder- und Jugendbeauftragten Horst Hager, der in der Staatskanzlei der Ministerpräsidentin sitzt, anregt und koordiniert. In Husum und in Westerland auf Sylt gibt es bereits Kurse für Eltern und werdende Eltern.

Denn nach allen Erkenntnissen ist die beste Gewaltprävention die Erziehungskompetenz der Eltern; und die lässt sich am effektivsten stärken, wenn man Eltern oft die Möglichkeit gibt, über Erziehung zu sprechen.

So hat die »Selbsthilfegruppe schlagender Mütter« in Hannover mit dieser Methode sehr gute Erfahrungen gemacht: In dem Maße, wie sie von anderen Müttern mit ähnlichem Hang mit ihrer Neigung konfrontiert werden, und in dem Maße, wie sie dabei ihren eigenen Widerwillen gegen das Schlagen, unter dem sie als Kind selbst gelitten haben, formulieren, beginnen sie zu lernen, ihre im Kopf vorhandene Ablehnung des Schlagens in alternatives Handeln umzusetzen. Die Erfahrungen fortgeschrittener Gruppenmitglieder, helfen ihnen dabei ebenso wie Rollenspiele, über die sie ihr gewaltfreies Handeln so einüben können, dass sie auch nicht mehr im Affekt zuschlagen.

## WIE KÖNNEN SICH ELTERN GEGEN GEWALT IN DER SCHULE WEHREN?

— *Eltern sollten, wenn sie gegen sachliche Gewalt intervenieren, nicht mit Kanonen auf Spatzen schießen, weil dann ihr Kind die Gewalt oft doppelt ausbaden muss.*
— *Wenn Eltern in der Schule etwas gegen Gewalt verändern wollen, müssen sie beim eigenen Kind, beim Täter und beim Klassenlehrer anfangen, dann die gewählten Elternvertreter und die Schulleitung nutzen, bevor sie sich an Schulräte, Polizei, Justiz, Kultusministerium oder Presse wenden.*
— *Zum Thema Gewalt sprechende Referenten, Schulpsychologen, Bücher, schulinterne Lehrerfortbildungen, Jugendbeauftragte der Polizei und Präventionsräte vermögen oft sehr effektiv zu helfen.*

Wenn Eltern erfahren, dass es Gewalt an der Schule ihres Kindes gibt, müssen sie sich zum Schutz ihres Kindes und anderer Kinder einmischen. Dazu fehlt ihnen aber oft der Mut, weil sie glauben, dass sie dann als schwierig oder lästig gelten oder dass ihr Kind ihre Interaktion ausbaden muss.

Wenn ich mittwochs bundesweit am Schulsorgentelefon sitze, erlebe ich immer viererlei:

› Schüler werden häufiger, als man vermutet, Opfer von Mitschülergewalt, von Mobbing, von Lehrer- und struktureller Gewalt. Auch die Schulweg- bzw. Schulbusgewalt spielt dabei eine erhebliche Rolle. Oft wird die Gewalt von Lehrern und Schulleitern gar nicht bemerkt, oft bagatellisieren Lehrer schlimme Gewalt, oft stellen sich Schulleiter vor wirklich gewalttätige Lehrer, und oft verschließen die Schulleiter bewusst ihre Augen vor struktureller Gewalt.

> Eltern haben Angst vor ungünstigen Rückwirkungen auf ihr Kind, wenn man ihnen rät, die Gewaltvorfälle Lehrern oder Schulleitern gegenüber anzusprechen, obwohl Schulen heute in allen Bundesländern auch Gewaltprävention leisten müssen; jedenfalls wünschen das Politiker und Kultus-, Bildungs- bzw. Schulministerien so.

> Eltern blitzen massenhaft bei Lehrern und Schulleitern ab, wenn sie wünschen, dass die Schule ihres Kindes aktiv gegen Gewalt vorgeht.

> Nur wenn der Druck auf Lehrer und Schulleiter sehr groß wird, weil nicht nur ein Elternpaar gegen Gewalt in der Schule aufbegehrt, sondern weil es fast sämtlichen Eltern einer Klasse oder mehrerer Klassen tun, wenn das übergeordnete Schulamt, Regierungspräsidium oder gar Kultusministerium zu erkennen gibt, dass der Zeitpunkt für Interventionen gegen Gewalt gekommen ist, oder wenn die örtliche Presse, ein Anwalt oder Staatsanwalt eingeschaltet werden, beginnen einige Schulen überhaupt erst, Gewalt nicht mehr länger zu ignorieren und gegen sie aktiv anzugehen. Wenn das Vorstelligwerden sich jedoch auf eine einzige Mutter oder auf ein Elternpaar beschränkt, kommt oft nicht sehr viel mehr dabei heraus, als dass geraten wird, das Kind doch umzuschulen oder einem Psychologen vorzuführen.

Und dennoch gibt es Möglichkeiten, um das eigene Kind vor Gewalt in der Schule zu schützen. Dabei sollte immer zunächst die erste Möglichkeit genutzt werden, und wenn die nicht ausreicht, sollte zur zweiten und erst dann zur dritten usw. übergegangen werden. Erst wenn alle Vorstufen ausgeschöpft wurden, kommen die am Ende dieser Liste stehenden Vorschläge in Betracht.

> Am Beginn muss im Gespräch mit dem eigenen Kind, seinen Freunden und eventuell auch über betroffene Mitschüler erkundet werden, was wirklich vorgefallen ist.

> Dann sollte mit dem Täter direkt und eventuell auch mit dessen Eltern mit dem Ziel

gesprochen werden, für den vorliegenden Konflikt eine Lösung und einen Ausgleich (beispielsweise auch einen materiellen) zu finden.

> Wenn das nicht hilft, muss der Klassenlehrer angerufen oder in der Schule angesprochen werden. Vielleicht findet der eine Lösung.

> Gewaltvorfälle können sodann auf einem Elternabend angesprochen werden, oder sie werden zum Anlass genommen, einen Elternabend nur mit diesem Thema einzuberufen. Eltern dürfen übrigens auch ohne Lehrer einen Elternabend in der Schule, in einer Wohnung oder in einer Gaststätte durchführen.

> Die beiden Klassenelternvertreter (Klassenpflegschafts- oder Klassenelternbeiräte) werden eingeschaltet; leider stehen die aber oft dem Klassenlehrer näher als den anderen Eltern.

> Die nächste Instanz ist der Schulleiter (oder Abteilungsleiter), aber der stellt sich oft schützend vor seine Lehrer oder ist geneigt, Vorfälle zum Schutz des Rufes der Schule herunterzuspielen.

> Jede Schule hat einen zuständigen Schulpsychologen, der meist im Schulamt der nächsten Kreisstadt sitzt. Bei dem kann man sich einen Sprechstundentermin geben lassen. Schulpsychologen sollten eigentlich auf der Seite von Kindern und Eltern in Not stehen; ihre Aufgabe ist unter anderem, Ursachen von Gewalt herauszufinden und Lehrer und Schulleiter, aber auch Eltern und Schüler zu beraten, wie Konflikte künftig konstruktiver angegangen werden können.

> Man kann sich an den Elternrat, Elternbeirat oder an die Schulpflegschaft der Schule und, wenn man da nicht weiterkommt, an den Landes- oder gar Bundeselternrat mit der Bitte um Hilfe wenden. Elternräte kooperieren aber leider oft lieber mit den Schulleitungen als mit der Elternschaft.

> Die Jugendbeauftragten der Polizei, die meist in der Polizeibehörde der nächsten Kreisstadt sitzen, sind besonders erfolgreich bei der Bekämpfung von Gewalt.

> Der Schulrat, das Schulamt bzw. der Regierungspräsident stellen die nächste Ebene dar. Sie sind die vorgesetzte Behörde, die oft mehr an Gewaltprävention interessiert ist als einzelne Lehrer oder Schulleiter. Von oben her ergibt sich zunehmend der ergiebigere Druck.

> Viele Kommunen haben Gewaltpräventionsräte, die gern mit Rat und Tat helfen.

> Wenn auch über die Kultus-, Bildungs- oder Schulministerin bzw. -senatorin nichts zu erreichen ist, weil sie nicht antwortet oder das Anliegen wieder an die jeweilige Schule zurückverweist, und auch der Ministerpräsident nicht reagiert oder nur beschwichtigt, müssen die nächsten Stufen sehr sorgfältig abgewogen werden.

> Eltern können sich einen Anwalt nehmen oder Anzeige bei der Polizei gegen Täter oder auch gegen die Schulleitung (z. B. wegen unterlassener Hilfeleistung) erstatten.

> Eltern können sich an die örtliche Presse wenden, wenn die bereit ist, über schlimme Vorwürfe zu berichten, oder an die überregionale Presse, wenn die örtliche nicht »anbeißt«.

> Wenn die Situation jedoch ganz verfahren ist, die Eltern also als Querulanten und ihre Kinder als gestört eingestuft werden, dann besteht der Ausweg oft nur darin, einen Neuanfang in der Parallelklasse, in der Nachbarschule, in einer entfernter liegenden Schule (wenn das alters- und wegetechnisch möglich ist) oder in einer Privatschule (wenn das finanziell möglich ist) zu suchen. Manchmal hilft überhaupt nur noch ein Internat im In- oder Ausland. Nach aller Erfahrung zögern viele Eltern zu lange, bis sie ein »Umtopfen« ihres Kindes in eine andere Klasse oder Schule in Erwägung ziehen. Wird die Chance des Neuanfangs zu spät ergriffen, hat sich die Opferrolle oft schon zu sehr über Stigmatisierung und Einbau der Fremderwartung in

ein ungünstiges Selbstkonzept verfestigt. Das Opfer ist schließlich – wenn man nur lange genug abwartet – genau zu dem verhaltensgestörten Kind geworden, zu dem die Lehrer und Schulleiter, aber auch die Mitschüler es zu Unrecht schon von Anfang an abgestempelt haben.

› Innerhalb dieser Stufenabfolge lässt sich noch Folgendes einbauen: Die Eltern lesen ein Buch über Gewalt (wie dieses), um sich über die Ursachen und Folgen von Gewalt zu informieren, oder sie laden auf der Ebene eines Klassenelternabends, des Schuleltern(bei)rates, der Schulkonferenz oder des Kreiseltern(bei)rates einen Referenten ein, der einen Vortrag mit Diskussion zum Thema »Ursachen von Schulgewalt und was man dagegen tun kann« hält, oder die Lehrerschaft der jeweiligen Schule wird animiert, eine schulinterne Lehrerfortbildung zum Thema Gewalt durchzuführen, an der die Eltern (und vielleicht die Schüler) teilnehmen können. Man kann sich aber auch um Hilfestellungen beim Deutschen Kinderschutzbund bemühen (siehe Adressen am Schluss dieses Buches!).

## WENN ICH IN DER SCHULE NICHTS ÄNDERN KANN: WIE STÄRKE ICH MEIN KIND?

- *Wenn Kinder gelernt haben, wie sie sich notfalls wehren können, treten sie selbstsicherer auf, so dass sie als Opfer weniger in Frage kommen.*
- *Große Erfolge in einigen schulischen und außerschulischen Leistungsfeldern halbieren das Leiden durch Mobbing.*
- *Kinder können gestärkt werden, indem man sie mit anderen Kindern zu Schutzgemeinschaften vernetzt.*

Entweder Eltern nehmen aktiv Einfluss gegen Gewalt in der Schule ihres Kindes, oder sie schulen es um. Wenn beides nicht geht, weil die Schule sich nicht ändern lässt und weil eine Umschulung aus finanziellen, regionalen (Schulwege werden zu weit, Nachbarschulen lehnen die Aufnahme ab) oder bedürfnisabhängigen Gründen (das Kind möchte bei seinen Eltern und nicht im Internat leben, es möchte bei seinen Freunden in der Klasse bleiben) nicht in Frage kommt, dann muss das Kind zu Hause gegen die Gewalt in der Schule gestärkt werden:

› Die Schuldgefühle müssen vom Kind abgeleitet werden, damit es nicht zum doppelten Opfer wird (»Es liegt nicht an dir«, »Du kannst überhaupt nichts dafür, dass Karl-Heinz so gewalttätig ist«).

› Das Kind muss lernen, sich wehren, behaupten und durchsetzen sowie nein sagen und ausweichen zu können. Dafür werden ihm Verhaltensalternativen für kritische Situationen zur Verfügung gestellt; sie werden mit ihm je nach konkretem Anlass unterschiedlich bewertet, und sie werden oft eintrainiert (z. B. durch Rollenspiele zu Hause, aber auch durch das elterliche Verhalten).

› Mit dem Kind muss in Mußestunden oft über Gewalterlebnisse, über Ängste und mögliche taktische Reaktionsvarianten gesprochen werden. Dies geschieht zum Beispiel abends vor dem Einschlafen, wenn die Ereignisse des Tages noch einmal rekapituliert werden und der nächste Tag geplant wird, oder bei Spaziergängen und langen Autofahrten, nicht aber bei den Mahlzeiten, weil sich das Kind mit seinem Körper dann auf das Essen und das Verdauen konzentrieren sollte und weil Belastungen während der Mahlzeiten das Kind nie und nimmer stärken, sondern nur krank machen.

› Das Kind tritt einem Judo-, Karate-, Kickbox- oder Taekwondo-Verein bei, um Techniken des Sich-Wehrens und Sich-Behauptens für extreme Notfallsituationen zu erlernen und fortan selbstsicherer auftreten zu können. Fitness- und Bodybuilding-Kurse sind ebenfalls geeignet; das Kind kommt dann nicht mehr so leicht wie zuvor für die potenziellen Täter als Opfer in Frage. Es kann auch nicht schaden, kleinen Mädchen und Jungen beizubringen, wo man einem großem Jungen oder Mann notfalls so erfolgreich hintreten kann, dass man wertvolle Fluchtsekunden gewinnt, um Hilfe zu holen, oder dass der Täter ein- für allemal kuriert ist.

› Ein Kind, das immer wieder Opfer wird, vernetzen die Eltern am besten mit seinen Freunden oder mit den Nachbarskindern oder mit dem großen starken Bruder. Es wird also in eine Schutzgemeinschaft eingebunden, indem man seine Freunde oder irgendwelche Paten bewegt, auf das Kind aufzupassen und es notfalls abwehrend zu beschützen. Diese Einbettung macht dem Kind oft so viel Mut, dass ihm abwehrendes Argumentieren, Neinsagen, Ignorieren oder Ausweichen bei Konflikten leichter fällt.

› Man sollte Kindern keinesfalls Waffen mit in die Schule geben, denn die können ihnen weggenommen und gegen sie selbst gerichtet werden, oder die Waffen werden völlig unangemessen bereits bei geringfügigsten Konflikten eingesetzt.

› Am besten stärkt man Kinder über Erfolge in anderen Lebensbereichen: Wer ein Musikinstrument beherrscht, wer ein exzellenter Sportler ist, wer in Mathematik, Fremdsprachen, Naturwissenschaften oder am Computer hervorragende Leistungen erzielt, wer bei den Freunden seiner Nachbarschaft sehr beliebt ist, wer über ein eidetisches Zeichentalent verfügt oder wer sehr viele Anerkennungen für seine schauspielerischen, humoristischen oder sozialen Leistungen erhält, leidet nicht mehr ganz so stark unter Mobbing wie derjenige, der das alles nicht kann und der auch nichts anderes so recht zustandebringt. Mobbingopfer lassen sich also über alternative Leistungsfelder, die oft außerhalb der Schule liegen, ganz gut in ihrem Selbstwertgefühl stärken. Kinder, die zu Hause ein Höchstmaß an Anerkennung, Liebe, Entlastung und Stärkung erleben, leiden jedenfalls nur noch halb so schlimm, wenn sie Opfer von Gewalt durch Mitschüler oder Lehrer werden.

› Das Kind kann auch gestärkt werden, indem Eltern die erlebten Aggressionen auf die Täter zurücklenken: »Wenn Karl-Heinz zu so etwas bereit ist, muss er sehr dumm sein«; »Dein Mathelehrer ist wirklich ein sehr schlechter Lehrer, wahrscheinlich hat er den Streit mit seiner Frau nur an dich weitergegeben«. So etwas entlastet erheblich und kann durchaus das Ich des Kindes ein wenig stärken, so dass der Mut ein Stück weit zurückkehrt.

> Eltern schenken ihrem Kind ein Handy, damit es sie in Notfällen sofort erreichen kann. Damit treten sie dann etwas mutiger auf als zuvor.

> Am besten stärkt man Kinder jedoch, indem man ihnen geduldig, lange und aufmerksam zuhört, falls sie über ihre Nöte sprechen, indem man dort genau nachfragt, wo noch etwas unklar ist, und indem man ihnen ausführlich antwortet und intensiv auf ihren inneren Zustand eingeht. Denn Sorgen werden immer in dem Maße verringert, in dem man oft und lange über sie spricht.

## ELTERNSCHAFT LERNEN

– *Erziehung ist leicht, wenn man die angeborenen Grundbedürfnisse des Kindes immer in der sinnvollen mittleren Dosierung anspricht.*
– *Erziehung fällt Eltern leichter, wenn sie oft über Erziehung sprechen können.*
– *Der in den USA diskutierte Elternführerschein bringt weniger als das häufige Sprechen über Elternschaft aus aktuellen Anlässen.*

Dieses Buch wird missverstanden, wenn es den Eindruck erweckt, Erziehung sei eine schwierige Angelegenheit. Sie wird allerdings oft zu einem äußerst schwierigen Unterfangen, wenn das Kind bereits lange den Bach abwärts gegangen ist. Wer sich anschaut, wie junge Menschen, die wir mit 18 Jahren als sehr gelungen bezeichnen, erzogen wurden, dann stellt man fest, dass die Eltern genau das richtige Maß an Liebe, Zeit, Ansprache, Zuhören, Bewegung, Spiel, Körperkontakt, Kräfteherausforderung, Grenzsetzung, Lernen, Weltbildaufbau, Familienbedürfnis, Ernährung und materieller Zuwendung aufgebracht haben.

Sie haben nicht geklammert, sie haben nicht überfordert, sie haben nicht jeden Stein aus dem Weg geräumt, und sie konnten auch oft loslassen bzw. lassen, wenn das Kind einmal etwas Eigenes wagen wollte. Sie haben zwar für ihr Kind alles Mögliche ausgewählt, dosiert und mit Gespräch begleitet, sie haben es aber weder vernachlässigt noch verplant noch bloß überredet.

Zum Glück gibt es für erzieherisch hilflose Eltern eine Fülle von Anlaufstellen; es gibt Erziehungs- und Familienberatungsstellen, es gibt Elternschulen, es gibt Elternabende und Elternstammtische mit Erziehungsthemen, es gibt hin und wieder Lehrer, die zu Hausbesuchen bereit sind und die Eltern erlauben, sie jederzeit bei erzieherischer Not anzurufen, und es gibt im Norden Deutschlands das Projekt »Elternschaft lernen«, in dem Städte (z. B. in Nordfriesland) Gesprächskurse über Erziehung anbieten. Im Grunde arbeiten diese Kurse nach dem Prinzip der Selbsthilfegruppen und unter Anleitung eines Moderators.

Denn das haben wir inzwischen ja wirklich gelernt:

> Wenn Schüler jede Woche einmal über Erziehung sprechen, wie es bis vor kurzem in den Abschlussklassen der bayerischen Schulen üblich war und wie es im Rahmen der Leistungskurse Pädagogik in den Oberstufen nordrhein-westfälischer Gymnasien und Gesamtschulen geschieht, dann kann man damit rechnen, dass sie auch die Erziehung ihrer eigenen Kindern ganz gut hinbekommen.

> Wenn Lehrer in Hamburger Problemgebieten einmal im Monat einen Elternstammtisch zum Thema Erziehung anbieten, dann werden diejenigen Eltern, bei der Bewältigung von erzieherischen Alltagsfragen (Taschengeld, Fernsehkonsum, Umgang mit Grenzen, Strafen und Forderungen, Umgang mit Fehlern und mit Gewalt) spürbar besser, und ihre Kinder werden auch in der Schule etwas »pflegeleichter«.

> Wenn mich im Rahmen meines Lehrerstudenten-Schüler-Betreuungsprojektes Mütter anrufen und um einen Studenten bitten, der ihr »schwieriges« Kind eine längere Zeit beim Hausaufgabenmachen, Spielen, Toben und Sporttreiben begleitet, dann sprechen in der Folge die jeweilige Mutter und der ihr zugeordnete Student auch ganz oft über die Erziehung des Kindes. Schon bald werden beide rasch erzieherisch besser: die Mutter, die mit dem jüngeren Kind angemessener umgeht, und der Student im Rahmen der Theorie-Praxis-Verknüpfung seines Studiums, und zwar einfach nur dadurch, dass sie über Erziehung eines konkreten Kindes ganz oft sprechen.

> In Hamburg gibt es eine Schule für minderjährige Mütter. Die Mädchen machen dort ihren Hauptschulabschluss, sie bringen aber auch ihr Kind mit in die Schule. Jeden Tag stehen Kinderpflege und Erziehung auf dem Programm. Obwohl diese Mädchen

eher aus schlechten Verhältnissen stammen, obwohl ihre Kinder deshalb eigentlich keine gute Prognose haben, lässt sich verfolgen, dass die Kinder von diesen minderjährigen Müttern durchweg später außerordentlich gut geraten. Warum? Weil die Mütter so oft und so lange über Erziehung gesprochen haben.

# AUSBLICK: DIE SPIRALE DER GEWALT: WERDEN AGGRESSIONEN IN DER SCHULE EHER ZU- ODER ABNEHMEN?

Die Antwort ist so wie bei vielen Prognosen: Ob Aggressionen in der Schule eher zu- oder abnehmen, hängt davon ab, ob sich in der Schule etwas ändert und – wenn ja – was sich ändert.

Wenn man es wie in Bayern, Baden-Württemberg, Sachsen und Thüringen macht, wo man den Erziehungsauftrag eher an die Eltern und an außerschulische Institutionen weiterleiten möchte, wird sich die strukturelle Gewalt und die der Lehrer erhöhen: Man wird die Hürden in die weiterführenden Schulen heraufsetzen, man wird verstärkt mit Notendruck und mit sonstigen regressiven Maßnahmen die Rigidität der Schulen steigern, so dass immer mehr Schüler die Überbrückungsleistung zwischen der unzulänglichen häuslichen Erziehung (die in Süddeutschland noch etwas besser als in Nord- und Ostdeutschland funktioniert) und dem bloßen Bildungsauftrag der Schule nicht mehr zustande bringen.

Wenn man sich dagegen besonders Schleswig-Holstein, aber auch Niedersachsen, Hamburg, Bremen und Nordrhein-Westfalen anschaut, dann nimmt die Gewalt durch Schüler zur Zeit ab, weil die Schulen dort immer mehr erzieherische Funktionen, die die Familie nicht mehr wahrnimmt, gestalten (familienergänzende Erziehung, leibliche Versorgung, Psychomotorik, Ernährung, Volle oder Verlässliche Halbtags- und Ganztagsschulen) und weil dort mit guten gewaltpräventiven Konzepten (Frühwarnsystem, Streitschlichter, Konfliktlotsen, Werteerziehung über Dilemmata, Konfrontationspädagogik, Anti-Aggressivitäts-Training) Aggressionen verpönt, minimiert und sinnvoll kanalisiert werden.

Erst wenn Schulen nicht mehr länger das Kind auf den Kopf reduzieren, wenn sie sich nicht nur an die linke Hirnhälfte des Schülers wenden, wenn sie die Schüler nicht bloß als Untertanen behandeln, sondern erst wenn sie sie bildend *und* erziehend als ganze Menschen in ihrer Mündigkeit fördern, wenn sie sich als Lernwerkstätten mit coachenden Lernberatern verstehen, dann wird auch die Gewalt in der Schule deutlich abnehmen.

Die Schule ist die einzige Lebenswelt, die noch sämtliche jungen Menschen bewusst erzieherisch erreichen kann; diese ihr mit der Schulpflicht zugewiesene Möglichkeit muss sie zunehmend nutzen, auch wenn das nicht ihr ursprünglicher Kernauftrag war. Denn wer sonst sollte es schaffen, die Jugendlichen zu einer kritischen Distanz zur verrohenden und verdummenden Bildschirmwelt zu bringen?

Gewalt in der Schule wird aber erst dann deutlich abnehmen, wenn die Eltern als Wähler das auch so wollen und wenn sie über ihre zunehmende Partizipation im Rahmen einer autonomeren Schule das Recht gewinnen, mehr gestalterischen Einfluss auf das jeweilige Schulprogramm und auf das Schulleben nehmen zu können.

# HILFREICHE ADRESSEN

Initiative gegen Gewalt und sexuellen Missbrauch an Kindern und Jugendlichen
Poststraße 18
56427 Siershahn
Tel.: 0 26 23 / 68 39

Verein für Familien- und Kinderrechte bei Trennungen
Postfach 10 01 48
31312 Sehnde
Tel.: 0 51 38 / 61 60 16

Verband für alleinerziehende Mütter und Väter
Beethovenallee 7
53173 Bonn
Tel.: 02 28 / 35 29 95

Bundesverband allergie- und umweltkrankes Kind
Westerholter Str. 142
45892 Gelsenkirchen
Tel.: 02 09 / 3 05 30

Deutscher Neurodermitiker-Bund
Spaldingstr. 210
20097 Hamburg
Tel.: 0 40 / 23 08 10

Bundesvereinigung Stotterer-Selbsthilfe
Gereonswall 112
50670 Köln
Tel.: 02 21 / 1 39 11 06

Deutscher Bundesverband für Logopädie
Augustinusstr. 11a
50226 Frechen
Tel.: 0 22 34 / 69 11 53

Arbeitskreis überaktives Kind
Dieterichstr. 9
30159 Hannover
Tel.: 05 11 / 3 63 27 29

Elterninitiative zur Förderung hyperaktiver Kinder
Clemensstr. 13
99817 Eisenach
Tel.: 0 36 91 / 21 55 55

Deutsche Gesellschaft für das hochbegabte Kind
Sonderhauser Str. 80
12249 Berlin
Tel.: 0 30 / 7 11 77 18

Hochbegabtenförderung e.V.
Am Pappelbusch 45
44803 Bochum
Tel.: 02 34 / 93 56 70

Bundesverband der Aufmerksamkeitsstörung
Postfach 60
91291 Forchheim
Tel.: 0 91 91 / 3 48 74

Kinderzentrum für Wahrnehmungsstörungen
Büdinger Str. 17
60435 Frankfurt a. M.
Tel.: 0 69 / 54 80 80 21

Deutscher Kinderschutzbund
Schiffgraben 29
30159 Hannover
Tel.: 05 11 / 30 48 50

Bundesverband der Elternkreise drogengefährdeter und drogenabhängiger Jugendlicher
Herzbergstr. 82
10385 Berlin
Tel.: 0 30 / 5 56 70 20

Bundesverband Legasthenie
Königstr. 32
30175 Hannover
Tel.: 05 11 / 31 87 38

Deutsche Beratungsstelle für Linkshänder und umgeschulte Linkshänder
Sendlingerstr. 17
80331 München
Tel.: 0 89 / 26 86 14


Institut für mathematisches Lernen und Praxis für Dyskalkulie
Grindelberg 45
20144 Hamburg
Tel.: 0 40 / 422 42 21

Bundeselternrat
Görrestr. 13
53113 Bonn
Tel.: 02 28 / 2 69 93 14

Euro-Internatsberatung
Grillparzerstr. 46
81675 München
Tel: 0 89 / 4 55 55 50

Bundesverband der Freien Alternativschulen
Wiemelhauser Str. 270
44799 Bochum
Tel:: 02 34 / 7 26 48

Kindernetzwerk für kranke und behinderte Kinder und Jugendliche
Hanauer Str. 15
63739 Aschaffenburg
Tel.: 06 02 / 1 20 30

Bundesarbeitsgemeinschaft zur Förderung haltungs- und bewegungsauffälliger Kinder und Jugendlicher
Friedrichstr. 14
65185 Wiesbaden
Tel.: 06 11 / 37 42 09

Verein gegen psychosozialen Stress und Mobbing
Kemmelweg 10
65191 Wiesbaden
Tel.: 06 11 / 54 17 37

Forschungsinstitut für Kinderernährung
Heinstück 11
44225 Dortmund
Tel.: 02 31 / 71 40 21

Privates Institut für Schulberatung
Albrechtstr. 10
12165 Berlin
Tel.: 0 30 / 79 70 31 31

Streitschlichter-Ausbildung durch Dyrda & Partner
Institut für Innovation und Qualität
41460 Neuss
Tel.: 0 21 31 / 2 60 12

# LITERATUR

Arlt, Marianne: Pubertät ist, wenn die Eltern schwierig werden, Freiburg i.Br. 1992.

Bäuerle, Siegfried (Hrsg.): Der suchtgefährdete Schüler, Regensburg 1993.

Bettelheim, Bruno: Liebe allein genügt nicht; Die Erziehung emotional gestörter Kinder, Stuttgart 1991.

Billhardt, Jutta: Hochbegabte; Die verkannte Minderheit, Würzburg 1996.

Brammen, Cornelia/Struck, Peter: Für jedes Kind die richtige Schule, Berlin 1998.

Brück, Horst: Die Angst des Lehrers vor seinem Schüler, Reinbek 1978.

Büttner, Christian: Mit aggressiven Kindern leben, Weinheim 1992[3].

Büttner, Christian/Meyer, Eberhard W. (Hrsg.): Rambo im Klassenzimmer, Weinheim 1991.

Deegener, Günther (Hrsg.): Sexuelle und körperliche Gewalt; Therapie jugendlicher und erwachsener Täter, Weinheim 1999.

Defersdorf, Roswitha: Drück mich mal ganz fest, Freiburg i.Br. 1991.

Dreikurs, Rudolf/Stoltz, Vicki: Kinder fordern uns heraus, Stuttgart 1992.

Eisenberg, Götz/Gronemeyer, Reimer: Jugend und Gewalt; Der neue Generationenkonflikt oder Der Zerfall der zivilen Gesellschaft, Reinbek 1993.

Ekman, Paul: Warum Kinder lügen, Hamburg 1990.

Ernst, Andrea/Stampfel, Sabine: Kinder-Report; Wie Kinder in Deutschland leben, Köln 1991.

Faulstich-Wieland, Hannelore: Koedukation; Enttäuschte Hoffnungen? Darmstadt 1991.

Feger, Barbara/Prado, Tania M.: Hochbegabung; Die normalste Sache der Welt, Darmstadt 1998.

Fend, Helmut: Theorie der Schule, München 1981[2].

Ferchhoff, Wilfried: Patchwork-Jugend, Opladen 1997.

Firnhaber, Mechthild: Legasthenie und andere Wahrnehmungsstörungen, Frankfurt a. M. 1996.

Frech-Becker, Cornelia: Fördern heißt Fordern; Über die Verantwortung der Eltern für den Schulerfolg ihrer Kinder, Frankfurt a. M. 1995.

Friesen, Astrid von: Liebe spielt eine Rolle; Erziehung im Geben und Nehmen, Reinbek 1995.

Gardner, Howard: Der ungeschulte Kopf; Wie Kinder denken, Stuttgart 1993.

Goetze, Herbert (Hrsg.): Pädagogik bei Verhaltensstörungen, Bad Heilbrunn 1994.

Goldstein, Sonja/Sonit, Albert J.: Wenn Eltern sich trennen; Was wird aus den Kindern? Stuttgart 1989.

Grefe, Christiane: Ende der Spielzeit; Wie wir unsere Kinder verplanen, Berlin 1995.

Grönwold, Peter: Schule paradox; Eine Anstiftung zur Professionalisierung des Unterrichts, Reinbek 1999.

Gronemeyer, Marianne: Lernen mit beschränkter Haftung; Über das Scheitern der Schule, Darmstadt 1996.

Hallowell, Edward M./Ratey, John: Zwanghaft zerstreut; ADD – Die Unfähigkeit, aufmerksam zu sein, Reinbek 1998.

Hartmann, Tom: Eine andere Art, die Welt zu sehen; Das Aufmerksamkeitsdefizitsyndrom, Lübeck 1997.

Heilemann, Michael: Schläger »studieren« Sozialkompetenz; Das Hamelner Anti-Aggressivitäts-Training als Modellprojekt, in: Deegener, Günther (Hrsg.), a.a.O., S. 80 ff.

Heitmeyer, Wilhelm u. a.: Gewalt; Schattenseiten der Individualisierung bei Jugendlichen aus unterschiedlichen Milieus, Weinheim 1995.

Hennig, Claudius/Keller, Gustav: Anti-Stress-Programm für Lehrer, Donauwörth 1995.

Hentig, Hartmut von: Die Schule neu denken; Eine Übung in praktischer Vernunft, München 1993.

Hurrelmann, Klaus: Familienstress, Schulstress, Freizeitstress; Gesundheitsförderung für Kinder und Jugendliche, Weinheim 1990.

Hurrelmann, Klaus/Bründel, Heidrun: Gewalt macht Schule, München 1994.

Hurrelmann, Klaus/Bründel, Heidrun: Drogengebrauch, Drogenmissbrauch, Darmstadt 1997.

Kammerer, Dorothea: Aggression und Gewalt bei Jungen; Warum sie auf Waffen und Raufereien stehen und wie Eltern damit umgehen können, München 1993.

Ladwig, Hermann: Drogen und das sogenannte schmutzige Geld; Eine wirtschaftswissenschaftliche Untersuchung über die Dynamik des Drogenproblems, Frankfurt a. M. 1996.

Lasch, Christopher: Geborgenheit; Die Bedrohung der Familie in der modernen Welt, München 1987.

Liebertz, Charmaine: Das Schatzbuch ganzheitlichen Lernens, München und Dorsten 1999.

Link, Manfred: Schulversagen; Ursachen verstehen, gezielt helfen, Reinbek 1995.

Lukesch, Helmut: Video im Alltag der Jugend, Regensburg 1989.

MacCracken, Mary: Charlie, Eric und das ABC des Herzens; Außenseiter im Klassenzimmer, Frankfurt a. M. 1991.

Makarenko, Anton S.: Ausgewählte pädagogische Schriften; hrsg. von Horst E. Wittig, Paderborn 1961.

Mallet, Carl-Heinz: Untertan Kind, Frankfurt a. M. 1990.

Meißner, Monika/Stadter, Ernst A.: Kinder lernen leben; Beziehungslernen in der Grundschule, München 1995.

Mönks, Franz. J./Ypenburg, Irene H.: Unser Kind ist hochbegabt; Ein Leitfaden für Eltern und Lehrer, München 1993.

Molcho, Samy: Körpersprache der Kinder, München 1992.

Montagu, Ashley: Körperkontakt, Stuttgart 1992.

Morris, Desmond: Babywatching; Was dir dein Baby sagen will, München 1991.

Mosler, Bernhard: Mehr Zukunftschancen? Wissen anders organisieren, Frankfurt a. M. 1995.

Nave-Herz, Rosemarie: Familie heute; Wandel der Familienstrukturen und Folgen für die Erziehung, Darmstadt 1994.

Neill, Alexander S.: Theorie und Praxis der antiautoritären Erziehung; Das Beispiel Summerhill, Reinbek 1970[14].

Nelson, Jane: Kinder brauchen Ordnung, München 1992.

Neuhaus, Cordula: Das hyperaktive Kind, Ravensburg 1996.

Nolting, Hans-Peter: Lernfall Aggression; Wie sie entsteht – Wie sie zu vermeiden ist, Reinbek 1993.

Opaschowski, Horst W.: Generation @; Die Medienrevolution entlässt ihre Kinder: Leben im Informationszeitalter, Hamburg 1999.

Palla, Rudi: Die Kunst, Kinder zu kneten; Ein Rezeptbuch der Pädagogik, Frankfurt a. M. 1997.

Papert, Seymour: Revolution des Lernens; Kinder, Computer, Schule in einer digitalen Welt, Hannover 1996.

Perelman, Lewis J.: School's Out, New York 1993.

Pöppel, Ernst: Lust und Schmerz; Über den Ursprung der Welt im Gehirn, München 1995.

Postman, Neil: Das Verschwinden der Kindheit, Frankfurt a. M. 1982[7].

Postman, Neil: Wir amüsieren uns zu Tode, Frankfurt a. M. 1985.

Postman, Neil: Keine Götter mehr; Das Ende der Erziehung, Berlin 1995.

Preuschoff, Gisela und Axel: Gewalt an Schulen; Und was dagegen zu tun ist, Köln 1992.

Redl, Fritz/Wineman, David: Kinder, die hassen, München 1984[4].

Reinprecht, Hansheinz: Kinder erziehen ohne Ärger, Graz 1993.

Rogge, Jan-Uwe: Kinder brauchen Grenzen, Reinbek 1998.

Rossberg, Ewa: Einzelkinder, Reinbek 1993.

Ruf-Bächtiger, Lislott: Das frühkindliche psychoorganische Syndrom, Stuttgart 1991.

Rutschky, Katharina: Erregte Aufklärung; Kindesmissbrauch, Hamburg 1992.

Scarbath, Horst: Träume vom guten Lehrer, Donauwörth 1992.

Schoenebeck, Hubertus von: Antipädagogik im Dialog, Weinheim 1992[3].

Schmidtbauer, Wolfgang: Die Angst vor Nähe, Reinbek 1985[3].

Schnack, Dieter/Neutzling, Rainer: Kleine Helden in Not; Jungen auf der Suche nach Männlichkeit, Reinbek 1990.

Schultz, Hans J. (Hrsg.): Trennung, Stuttgart 1984.

Singer, Kurt: Die Würde des Schülers ist antastbar; Vom Alltag in unseren Schulen und wie wir ihn verändern können, Reinbek 1998.

Smolka, Dieter (Hrsg.): Motivation und Mitarbeiterführung in der Schule, Neuwied 2000.

Sommer, Norbert (Hrsg.): Überall Hass, Krisen, Kriege und Gewalt; Gründe und Auswege, Berlin 1994.

Spranger, Eduard: Psychologie des Jugendalters, Heidelberg 1960[26].

Spreiter, Michael (Hrsg.): Waffenstillstand im Klassenzimmer, Weinheim 1993.

Struck, Peter: Erziehung gegen Gewalt; Ein Buch gegen die Spirale von Aggression und Hass, Neuwied 1994.

Struck, Peter: Die Kunst der Erziehung; Ein Plädoyer für ein zeitgemäßes Zusammenleben mit Kindern und Jugendlichen, Darmstadt 1996.

Struck, Peter: Die Schule der Zukunft; Von der Belehrungsanstalt zur Lernwerkstatt, Darmstadt 1996.

Struck, Peter: Erziehung von gestern, Schüler von heute, Schule von morgen, München 1997.

Struck, Peter: Netzwerk Schule; Wie Kinder mit dem Computer das Lernen lernen, München 1998.

Struck, Peter: Erziehung für das Leben, München 2000.

Struck, Peter/Würtl, Ingo: Vom Pauker zum Coach; Die Lehrer der Zukunft, München 1999.

Thiersch, Hans/Wertheimer, Jürgen/Grunwald, Klaus: »...überall in den Köpfen und Fäusten«; Auf der Suche nach den Ursachen und Konsequenzen von Gewalt, Darmstadt 1994.

Tymister, Hans Josef: Pädagogische Beratung mit Kindern und Jugendlichen; Fallbeispiele und Konsequenzen für Familie und Schule, Hamburg 1996.

Ulich, Klaus: Beruf Lehrer/in; Arbeitsbelastungen, Beziehungskonflikte, Zufriedenheit, Weinheim 1996.

Vogt, Gregor M./Sirridge, Stephen T.: Söhne ohne Väter, Frankfurt a. M. 1993.

Voß, Reinhard/Wirtz, Roswitha: Keine Pillen für den Zappelphilipp; Alternativen im Umgang mit unruhigen Kindern, Reinbek 1991.

Weidner, Jens/Kreft, Dieter (Hrsg.): Gewalt im Griff; Neue Formen des Anti-Aggressivitäts-Trainings; Weinheim 1997.

Wieck, Wilfried: Söhne wollen Väter; Wider die weibliche Umklammerung, Hamburg 1992.

Winn, Marie: Kinder ohne Kindheit, Reinbek 1992.

Zeltner, Eva: Generationen-Mix, Bern 1998.

Zimmer, Katharina: Wer sind unsere Kinder? München 1994.

Literatur

# STICHWORT-REGISTER

*Prof. Dr. Peter Struck*, geb. 1942, war zehn Jahre Volks- und Realschullehrer und danach vier Jahre lang Schulgestalter in der Behörde für Schule, Jugend und Berufsbildung in Hamburg. Seit 1979 hat er eine Professur für Erziehungswissenschaft an der Universität Hamburg. Seine Arbeitsschwerpunkte sind Sozial- und Schulpädagogik, Bildungspolitik, Jugendforschung, Familienerziehung und Medienpädagogik. Seine wichtigsten Bücher: »Die Hauptschule« (1979), »Projektunterricht« (1980), »Pädagogik des Klassenlehrers« (1981), »Erziehung gegen Gewalt« (1994), »Neue Lehrer braucht das Land« (1994), »Schulreport« (1995), »Die Kunst der Erziehung« (1996), »Die Schule der Zukunft« (1996), »Erziehung von gestern, Schüler von heute, Schule von morgen« (1997), »Netzwerk Schule, Wie Kinder mit dem Computer das Lernen lernen« (1998), »Vom Pauker zum Coach – Die Lehrer der Zukunft« (1999) und »Erziehung für das Leben« (2000).

Zahlreiche Beiträge hat er geschrieben für Die Welt, Süddeutsche Zeitung, Welt am Sonntag, Hamburger Abendblatt, Berliner Morgenpost, Der Tagesspiegel, Frankfurter Rundschau, Flensburger Tageblatt, Nürnberger Nachrichten, Psychologie heute, Hamburger Morgenpost, Familie & Co u. a.

Seit 1980 forscht er vor allem mit einem Lehrer-Schüler-Betreuungsprojekt an der Gelenkstelle von Familie und Schule.